I0830363

VISUALIDADES SIN FIN
Imagen y diseño en la sociedad global

Leonor Arfuch
Verónica Devalle
(Compiladoras)

VISUALIDADES SIN FIN
Imagen y diseño en la sociedad global

prometeo
libros

Índice

Introducción

Este libro reconoce varias fuentes de inspiración: el debate apasionado sobre el régimen de la visualidad en la llamada "era" y hasta "civilización" de la imagen –es decir, nuestra época–, la docencia universitaria en una cátedra prioritariamente concernida por ese debate[1] y la investigación académica, donde teoría y método confluyen en la construcción de un objeto de estudio. Una tríada –la forma en que Charles Sanders Peirce gustaba pensar el signo y la Semiótica– en la cual, escapando al binarismo, el tercer término supone siempre la posibilidad de articulación con otros y entonces da lugar a una (ilimitada) apertura significante. Así, a partir de una reflexión sobre las culturas contemporáneas y su relación con el campo del diseño, se abrieron múltiples interrogantes: el *ver* como sentido privilegiado, la imagen y los medios de comunicación en la "sociedad global", la realidad como espectáculo, la creciente indistinción de las esferas de lo público y lo privado –y el énfasis en la privacidad–, las imágenes traumáticas de nuestro tiempo, las políticas de la mirada, la marca del diseño en esas imágenes y en esas políticas, su impronta, que configura lisa y llanamente nuestros modos de ver y de ser: vemos ya un "mundo diseñado" según pautas y tendencias también "globales", desde el trazado urbano a las pantallas, desde los anuncios de todo tipo a nuestra propia imagen, tallada en cuerpo y alma por la moda y por las pautas que la sociedad impone para la conducta y para el "buen vivir".

Un "buen vivir" donde el diseño aporta armonía estética, claridad comunicativa, orden conceptual, satisfacción de deseos y necesidades…y al mismo tiempo impone condicionamientos y determinaciones, se identifica

---

[1] Se trata de *Comunicación I y II*, en la Carrera de Diseño Gráfico de la Facultad de Arquitectura, Diseño y Urbanismo de la Universidad de Buenos Aires (FADU/UBA), a cargo de Leonor Arfuch como Profesora Titular –profesora también de la Facultad de Ciencias Sociales de la UBA e investigadora del Instituto Gino Germani– y Verónica Devalle como Adjunta, y de la que forman o formaron parte los restantes autores.

con lógicas de mercado y con incitaciones al consumo, trabaja sobre nuestros afectos, configura sujetos e identidades, en la tensión entre repetición e innovación, docilidad e irreverencia. Un protagonismo que, como otros registros simbólicos de la comunicación "global", supone un involucramiento estético pero también ético y político.

Tal incidencia en el mundo de hoy aparece pálidamente reflejada sin embargo en los discursos del diseño –los producidos en su campo y sus entornos, tanto disciplinar como profesional–, que oscilan entre una definición restrictiva, que lo limita a una mera técnica de "resolución de problemas para operar sobre la racionalidad comunicativa del mercado" y una concepción más amplia, que lo liga a problemáticas sociales, culturales y políticas de nuestro conflictivo presente. Esta última concepción es la que privilegiamos en nuestro trabajo, tanto en la cátedra como en la investigación: una interrogación autorreflexiva y crítica sobre la constitución misma de ese campo y sus saberes e incumbencias, a la luz de las transformaciones del capitalismo tardío pero también a la luz de otros saberes, con los cuales tiene una inquietante –y a veces ignorada– vecindad: las artes visuales, la filosofía, la sociología, la lingüística, la semiótica, la crítica cultural, el psicoanálisis…

Pensar esa articulación entre un campo del saber –y del hacer– relativamente específico y el ancho mundo de nuestras sociedades "globales" en constante devenir es lo que proponemos a los lectores de este libro. En ese camino singular de la lectura habrá entonces retornos a momentos emblemáticos de la reflexión y la crítica sobre la cultura, tomas de posición sobre el presente y algunas aventuradas hipótesis sobre el futuro –particularmente en la Primera Parte–, pero también una vuelta sobre los clásicos, sobre paradigmas teóricos fundamentales, que dejaron huellas imborrables en nuestros modos de ver y de pensar: Ferdinand de Saussure, Charles Sanders Peirce, Mijaíl Bajtín, Émile Benveniste, Umberto Eco…La Segunda Parte, que los "trae" nuevamente al presente para formularles nuevas preguntas, está dedicada muy especialmente a nuestros estudiantes de grado y posgrado.

En la primera parte, el capítulo de Leonor Arfuch aborda los dilemas de la imagen en la sociedad contemporánea y sus usos, a menudo problemáticos, en los medios de comunicación. La tensión entre "realidad" y representación, entre público y privado, entre seducción hipnótica y apropiación reflexiva es analizada en relación con las estrategias globales de la mediatización pero también al interior del campo del diseño y su involucramiento peculiar en esas estrategias, proponiendo una mirada crítica sobre el modo de conceptualizarlas y por ende, sobre el ejercicio mismo de la profesión.

Verónica Devalle, por su parte, analiza la configuración discursiva del campo del diseño, el gráfico en particular, a la luz de la herencia de la modernidad y sus utopías incumplidas, rescatando la preocupación social y universalista en cuanto a la armonía entre "forma y función" y proponiendo una reconceptualización del "campo" –en el sentido de Pierre Bourdieu– desde una perspectiva semiótica de análisis cultural que le restituye su vinculación con el arte y con diversas disciplinas, trazando una trayectoria histórica de su constitución como profesión y como carrera universitaria de la UBA.

El capítulo de Leticia Sabsay indaga sobre el papel del diseño en la cultura visual, la construcción especular de la imagen de sí, los "cuerpos dóciles" de la moda y sus prescripciones, las determinaciones estéticas y también sociales que operan sobre la configuración de identidades y las identificaciones sexuales, analizando en particular el impacto de la visualidad en las culturas juveniles y el estatuto ambiguo del diseño en la mostración de la diferencia sexual, que oscila entre una mayor visibilidad y aceptación y el riesgo de adormecimiento político.

Valeria Durán plantea diversos interrogantes en torno de la memoria del pasado reciente en la Argentina, tal como se manifiesta en las "marcas" urbanas que la última dictadura dejó –sin querer dejar– en la ciudad de Buenos Aires. La vivencia biográfica de la ciudad, las huellas que a cada uno le hablan, desde distintos lugares, de su propia historia, se articulan aquí a las huellas traumáticas de una terrible experiencia colectiva. El qué hacer con los ex centros de detención, con su carga de oprobio y sufrimiento, es puesto en relación con una "movilidad de la memoria", donde el diseño informal, callejero, aporta su dosis de revulsión ética y política, convocando también a la reflexión.

En la segunda parte, estrechamente ligada con nuestro programa de estudios, Julián Vazeilles, revisitando el *Curso de Lingüística General* de Ferdinand de Saussure, realiza una sugerente indagación sobre el "significado" –contracara del "significante"–, que el gran lingüista dejara sin demasiado desarrollo, cuestionando asimismo, en la confrontación con algunos de sus seguidores, la noción de "código" en los usos de la comunicación.

La teoría de la enunciación y su productividad para el campo de la discursividad verbal y visual es abordada por Daniela Slipak y María Stegmayer, quienes focalizan en los aportes de Émile Benveniste y su importancia para una mejor comprensión del proceso de la comunicación, la relación inter-subjetiva que ésta establece y el acontecimiento que genera, poniendo a enunciador y destinatario en una "co–referencia" a un mundo. La validez de este paradigma para el campo del diseño, que busca "dar voz" a través de la imagen –sacarla de anonimato– es esencial.

Daniela Fiorini y Leticia Schilman encaran el desafío de articular, en sus "Apuntes para el sentido de la imagen" diversas posturas teóricas frente a ella, algunas del campo visual, otras del campo del lenguaje, focalizando en la noción de *performatividad*. El interés de esta articulación es evidente: cómo la imagen puede *decir* y sobre todo *hacer*, según los modos de su lectura y los parámetros analíticos de su interpretación, cuestiones esenciales en la práctica y la crítica del diseño.

Finalmente, Laura Corti y Luisina Perelmiter interrogan un texto clásico de Umberto Eco, que problematiza justamente el estatuto de la iconicidad –instituyente de la *visualidad*– y pone en el centro de la escena la cuestión de la representación, uno de los dilemas de la imagen. ¿Cómo vemos, cómo interpretamos esas formas cuya relación con el objeto es de una vaga "semejanza" ya que no tienen ninguna de las propiedades de aquél? Naturaleza o convención, innatismo o códigos de reconocimiento, he aquí el debate sobre el cual las autoras vuelven desde las preocupaciones de este tiempo.

Por cierto, las diferentes miradas, propias y singulares, hablan también –como las imágenes– de una trama social, colectiva. La que se ha ido tejiendo a través de los años entre los integrantes de la cátedra, aquí representados –a través de búsquedas, inquietudes, lecturas y debates– y en el diálogo, siempre acuciante e instigador, con nuestros estudiantes. Un diálogo ininterrumpido que ofrecemos ahora a la "visualidad".

Leonor Arfuch y Verónica Devalle, Primavera de 2008

PARTE I

La imagen y el campo del diseño:
sujetos, identidades, memorias

Ver el mundo con otros ojos.
Poderes y paradojas de la imagen
en la sociedad global

Leonor Arfuch

> *La imagen disputa a la cosa su presencia. Mientras que la cosa se*
> *contenta con ser, la imagen muestra que la cosa es y cómo es.*
> *La imagen es lo que saca a la cosa de su simple presencia para*
> *ponerla en pre–sencia (…)".*
> Jean–Luc Nancy.

"¿Quién rechazaría hoy ver en la imagen el instrumento de un poder sobre los cuerpos y los espíritus?" se pregunta Marie–José Mondzain (2002) al comienzo de un libro con un título inquietante: *¿La imagen puede matar?* Introduce así un tema recurrente en lo que ha dado en llamarse "la cultura" o la "era de la imagen", en constante aceleración, donde parecemos vivir, pensar y actuar a través de las pantallas y de sus refracciones en todos los espacios significantes. En efecto, el poder del "ver", como sentido que ha triunfado incontestablemente sobre todos los demás, se ha extendido a tal punto que las cosas del mundo –ésas que preexisten a nuestra existencia– se nos revelan casi sin sorpresa, bajo una forma de mirar modelada desde la más tierna infancia por el video y la televisión, ordenadas en espacios estéticos –y a menudo estáticos–, cada vez más distantes de una plena experiencia sensorial. La ciudad, por ejemplo, se ofrece menos como conglomerado caótico y vibración del cuerpo que como constelación de imágenes trabajadas por el diseño –líneas arquitectónicas, trazado de las calles, señalización, vidrieras, objetos, anuncios, carteles y hasta muchedumbres acordes con el flujo del mirar–, la naturaleza, por su parte, aparece ya domesticada, predispuesta al encuadre de la foto antes que al embeleso de la contemplación: el paisaje ya no como "percepción de una irrepetible lejanía", al decir de Walter Benjamin, sino como presencia efímera –quizá apenas un alto en un *tour*– preanunciada en los folletos turísticos, los suplementos de los diarios, los filmes publicitarios, las páginas web. Los cuerpos, finalmente, también parecen haber perdido su consistencia y su diferencia, tallados de manera uniforme por la moda, la publicidad –y la violencia del comprar–, las dietas, la sexualidad, la terapéutica... Tanto la imagen de sí como la imagen del mundo han pasado, inevitablemente, al registro de la *visibilidad*.

Es esa proliferación de lo visible, de aquello que emerge bajo los cánones de una visualidad conformada, estereotípica, *diseñada* –no parece ya haber imágenes "ingenuas", que no respondan a estilos o tendencias determinados– lo que ha llevado tanto a la caracterización de nuestra época –en la medida en que somos contemporáneos de varias décadas y nuestra pertenencia a ella se teje en la trama de los discursos más que en puntuales acontecimientos– como a su cuestionamiento: distintos pensadores se han ocupado de esa especie de desmaterialización del mundo que supone su transformación en imagen y en imagen capaz de repetirse al infinito.

Ya Hannah Arendt ([1958] 1974: 74) había percibido críticamente que la visibilidad era uno de los rasgos esenciales de la modernidad –y uno de los requerimientos constitutivos de la democracia– y señalado esa ampliación desmesurada de lo social que fagocitara tanto lo público/político como la naciente esfera de la intimidad: "Comparadas con la realidad de lo visto y oído, incluso las mayores fuerzas de la vida íntima –las pasiones del corazón, los pensamientos de la mente, las delicias de los sentidos– llevan una incierta y oscura existencia, hasta que se transforman, desindividualizadas, como si dijéramos, en una forma adecuada para la aparición pública".[2] Sobre aquellas formas primigenias de aparición pública –la novela, la autobiografía, la narración– la televisión ha hecho por cierto un largo camino.

---

[2] Desde la filosofía política, Arendt analizaba la constitución de las esferas de lo público y lo privado en el afianzamiento de la modernidad y el orden burgués en el siglo XVIII, enfatizando la preeminencia de lo social, que "fagocitaba" tanto el ámbito de lo público –en la edad antigua reservado sólo a lo político– como el de lo privado, donde despuntaba la nueva sensibilidad del sujeto moderno –el descubrimiento de la *interioridad* como espacio íntimo de reflexión y de afectividad– que debería someterse a los cánones de la sociedad a través de la uniformidad de la *conducta*. En nuestro tiempo, los medios de comunicación han asumido prioritariamente ese papel regulador de las conductas que hace de lo privado un asunto público, incluso de incumbencia del Estado (normas, prohibiciones, controles, terapéuticas, etc.).

Podríamos señalar además otros hitos en cuanto a la crítica de la visibilidad, sin postular una equivalencia teórica entre ellos: el bien conocido artículo de Benjamin ([1972] 1982:15–37) "La obra de arte en la época de su reproductibilidad técnica" donde daba cuenta de la pérdida del aura, del original, en tanto unicidad ligada al ámbito de una tradición que se difumina en la copia, la reproducción en cualquier superficie –aunque ésta suponga una relativa democracia–; el exaltado "sesentista" Guy Debord (1974), con su también clásico *La sociedad del espectáculo*, crítico mordaz de la espectacularidad del poder, de la televisión, del cine, del urbanismo; el apocalíptico Jean Baudrillard ([1978] 1984) de los años '70 con su concepto de "simulacro" –imagen "más real que lo real"– que preveía una "disneylización" del mundo y una pérdida irreparable del acontecimiento; un más cercano Régis Debray ([1993] 1995), no menos rotundo, con su metáfora del "Estado–pantalla" y los "ciudadanos–*voyeurs*" y también, en otra vena, Paul Virilio (1989), con su concepto de aceleración y desaparición: la superposición de imágenes sin fin que conduce a la muerte de la imagen, la luz deslumbradora de lo público que termina por aniquilar la percepción visual.

Pero si bien estas preocupaciones fueron acompañando el despliegue paulatino e incesante de las tecnologías de la comunicación y la información a lo largo del siglo XX, especialmente en su segunda mitad –el surgimiento de la televisión de masas, los mundos de la simulación tecnológica, como Disney, la política/espectáculo– el problema de la imagen –o bien, la imagen como problema, anterior al exceso de la *visibilidad*– se remonta mucho más allá, quizá a los obligados ancestros griegos, de donde viene su etimología: *mimeomai*: imitar, remedar, representar // *mimesis*: imitación, figura, representación, imagen, y luego, en el latín, *imitor–aris– ari*: copiar, reproducir, fingir, tomar como modelo //*imago* : imagen, representación, apariencia, reflejo, semejanza, idea.

Así, el poder de la imagen se presenta desde antiguo como paradójico: por un lado, en tanto conlleva la idea de reflejo, imitación, representación, se la inculpa de una suerte de pecado original: el de no ser, justamente, un original. Por el otro, la precaución y el temor de la imagen, su inquietante vecindad con la imaginación, el peligro de seducción que conlleva y por ende, de idolatría, atraviesan la historia desde los principios mismos de las grandes religiones de Occidente: como interdicción absoluta de la imagen de Dios –y por ende, como sospecha ante la imagen en general– para los hebreos; como prohibición primero y celebración después, para los cristianos, en el tránsito entre la primitiva condena del fetichismo y la idolatría que suponía el nuevo monoteísmo y el ulterior despliegue de la imagen en el que se asentó el poderío universal de la Iglesia.[3]

La pugna entre lo visible y lo invisible, entre lo representable y lo irrepresentable, entre la exaltación y la condena –y también, entre la desconfianza en la imagen por su debilidad en tanto *verdad* y su contrafigura, la confianza en el *logos,* la palabra, el sentido, amparado por las estructuras formales de la lengua– quedaba así instituida como uno de los dilemas de Occidente: sus ecos resuenan todavía hoy en los argumentos en torno de la primacía y aún, la violencia de la imagen –también en algunos de los autores citados– así como en discusiones actuales sobre la representación –y lo "irrepresentable"– especialmente en relación con acontecimientos traumáticos, como el holocausto, la Shoah.[4]

Quizá esa desconfianza se derive de una lectura extremadamente literal de los griegos, donde la idea de "copia" en Platón y de "mimesis" en Aristóteles pueden ser entendidas como incapaces de ofrecer una dimensión verdadera del mundo. Sin embargo, el filósofo Paul Ricoeur lee de otra manera la mimesis aristotélica: un mostrar a los hombres *como en acto* y a las cosas *como haciéndose*: "Si la mimesis comporta una referencia inicial a lo real (...) este movimiento de referencia es inseparable de la dimensión creadora. La *mimesis es poiêsis*, y recíprocamente. (...) Recuerda que ningún discurso puede abolir nuestra pertenencia a un mundo. (...) La verdad de lo imaginario, la potencia de detección ontológica de la poesía, eso es por mi parte, lo que veo en la mimesis de Aristóteles." (Ricoeur, [1975] 1977:71).

Nuestra perspectiva se inscribe justamente en esta línea de interpretación, que le otorga a la imagen un estatuto propio –y no una cualidad de "se-

---

[3] El poder de la imagen fue comprendido muy tempranamente como imposición de autoridad – no otra cosa es el complejo ceremonial visual que acompaña en los ritos todas las investiduras, desde el cura párroco hasta el papa, y por cierto, todas las realezas del mundo– y también como encarnación del Padre ausente en la figura del Hijo, en una humanización que, como las de los santos, fue violentamente rechazada por la Reforma protestante.

[4] En ocasión de los 60 años del fin de la segunda guerra, y en el marco de nutridas conmemoraciones, muchas de ellas centradas en la imagen (exposiciones fotográficas y plásticas, cine, documental, etc.) se reactivó el viejo debate sobre la representación de los campos de exterminio, que tuvo en Francia mucho protagonismo. He analizado uno de esos debates en el capítulo "Imaginar pese a todo" (Arfuch, 2008).

gundo grado"–, un reconocimiento de su identidad acorde con su ontología: no una "copia" sino una entidad compleja, que propone un tipo de interacción particular, diferente de la "cosa" misma. Así, su poder no consiste en su capacidad de adecuación al mundo ni en aquello que nos hace –o nos impide– conocer de la cosa sino en su fuerza de re–presentar –es decir, mostrar algo nuevo–, en el modo en que impacta en quienes la leen, y por ende, en la direccionalidad de la *respuesta* más que en su ajuste a aquello que la inspira. Como en el lenguaje, podemos hablar entonces de la fuerza performativa de la imagen.[5]

Podría postularse así que es quizá esa potencia de la imagen lo que permite "ver el mundo de otra manera" –aceptando ya que no hay "una manera" inmediata, directa, no mediada por lo simbólico, de ver el mundo– y en esa diferencia la imagen talla su lugar, en perpetua oscilación entre presencia y ausencia. Porque si en verdad casi siempre se la acusa por *lo que muestra* –la pulsión escópica, la atracción morbosa, la pornografía se nutren de ello– también podría estar en litigio por *lo que oculta* –y aquí la duplicidad del término *pantalla*, que es a la vez refracción y veladura. En esa obsesión de la presencia que asedia a nuestra sociedad mediatizada, en esa especie de visualidad global que parece no dejar nada afuera, ni lo horroroso ni lo íntimo, ni lo siniestro ni lo perverso, Jacques Derrida (1996) proponía justamente reclamar un "derecho de mirada" para que los ciudadanos pudiéramos pedir a los medios de comunicación el acceso a lo que sí queda afuera –lo no mostrado, lo cercenado, lo censurado– ese universo sobre el cual se recorta aquello que se muestra –en un proceso de profunda entropía que el cine y la escritura conocen bien– y por cierto, sus procedimientos, el *cómo* del mostrar.

Este tránsito de la imagen a los procedimientos de su visualización no es sin consecuencias. Supone en cierto modo abandonar ese esencialismo que pretendería encontrar en la imagen misma su absolución o su condena –imagen idílica o violenta o veraz u obscena– en virtud de su tema o de su "contenido", para pasar a las modalidades de su aparición, a los encuadres, los contextos, las motivaciones, la orientación hacia el receptor –y allí el trabajo

---

[5] Ese hacer–ver performativo construye una realidad–otra, distinta pero no "inferior". La pintura, desde sus comienzos como arte religioso, educativo, es elocuente al respecto: eran las propias convenciones de representación las que daban forma y sentido a las prácticas de los feligreses, y no una supuesta "anterioridad" de las mismas que las imágenes vendrían a "reflejar". (Baxandall, 1978)

mismo de la mirada, la focalización, el *punctum*, según Roland Barthes (1982), ese lugar que atrae, que destella con un plus de significación. Lo que está en juego entonces no es solamente lo que la imagen nos *ofrece a ver* sino también *lo que nos pide*. Porque la imagen solicita algo a nuestra calidad de perceptores, más allá de la atención concentrada en el haz luminoso que la configura ante nuestros ojos. Así, una imagen será veraz, violenta o traumática, podrá inspirar rechazo o compasión, según el modo en que circule y los ámbitos instituidos –e instituyentes, volviendo a su poder performativo– de su recepción.

¿Supone esta postura ante la imagen, como operando en su propia lógica, dispensada de su "adecuación" al mundo, una renuncia a su potencialidad veridictiva, informativa y cognitiva? Por cierto que no, la cuestión es quizá definir cualitativamente esa potencia, indisociable del valor de verdad, más allá de la simple "fidelidad a los hechos" o de las "buenas –o malas– intenciones". Y aquí entramos tanto en el terreno de la ética como de la ideología. Volviendo a la autora que citamos al comienzo, por cierto la imagen no puede matar: la visión del crimen no nos torna asesinos ni la del paraíso nos convierte en ángeles. Es el uso y el abuso de la imagen –sin olvidar su acepción psicoanalítica, especular, según la cual toda mirada nos devuelve siempre nuestro propio rostro– lo que quizá requiera el mayor esfuerzo de la crítica, en tanto seguramente contribuye, como tantas otras cosas en la inercia maquínica de lo social, a la configuración de una violencia de la subjetividad cuyos rasgos peculiares de esta época valdría la pena interrogar.

Por cierto, a esta altura cabría preguntarse si estas ideas pueden aplicarse a todo tipo de imágenes, artísticas, fotográficas, informativas, pedagógicas, publicitarias, de diseño, familiares… Reconociendo las diferencias respectivas –y relativas– podría decirse que sí, que la imagen más inocente conlleva una visión del mundo y se inscribe en un contexto reconocible de inteligibilidad y por ende no escapa de una valoración posible en términos de sus efectos de sentido. Valoración que, aun cuando esté instituida socialmente, no pierde su acentuación individual, la tonalidad que deriva, en cuanto a su producción y recepción, de la experiencia privada, del modo en que se inscribe en el marco de la propia historia. Objeto de reverencia o de adoración, de temor o de abominación, de ira o de tristeza, su valor guarda estrecha relación con los afectos, con la pasión, y por cierto, con el deseo: el deseo de *ver*, desde la imposibilidad de la imagen de Dios que inquietaba a los antiguos hasta la pulsión escópica contemporánea. Así, la oscilación entre presencia y ausencia y una cierta impronta de sacralidad han quedado naturalmente asociadas a la imagen –prueba de ello, la fotografía, sobre todo la que atesora el álbum familiar, cuyo destello evoca tanto la presencia como ese velo de ausencia que roza la mortalidad, según Nancy, presente en toda imagen.

Aunque la visualidad nos envuelve por doquier, confundiendo a menudo ciertos límites indecisos de los géneros, podría establecerse sin embargo una distinción neta entre las imágenes de arte –de todas las artes visuales– y la fotografía como práctica –familiar, periodística, documental, artística– y el asedio constante de la publicidad y toda suerte de juegos electrónicos donde la imagen es sólo un señuelo de seducción y/o de violencia: mientras que las primeras nos proponen una lectura sin tiempo –o mejor, con nuestro propio tiempo– las segundas nos someten a la tiranía de *su tiempo*. También difiere por cierto el *cómo* y el *para qué* de unas y otras: mientras que las primeras tenderían a estimular la sensibilización, la reflexión, las segundas, indistinguibles en el flujo continuo de la visibilidad, parecen más bien tender a la fascinación, a tornarnos sujetos irreflexivos, cautivos de nuevas idolatrías.

Volviendo al modo en que circula la imagen mediática contemporánea, ya hemos anticipado algunos rasgos: la pretensión de "mostrarlo todo", la simultaneidad, la proximidad, la inmediatez, la ilusión del "directo" absoluto. En las cadenas de noticias por ejemplo, tanto locales como globales, se hace evidente ese efecto, también paradójico, por el cual el querer abarcar todo puede redundar en *no ver nada* en tanto cada acontecimiento aparece reducido a su mínima expresión. Pero además, esa pretensión de universalidad, ese "ver todo" –en una selección que por supuesto atiende a lo más impactante– nos sitúa ante un escenario de asombrosa repetición, donde el espectáculo cotidiano, sin solución de continuidad, parece condensar todos los conflictos y miserias del mundo.

Esa insistencia en la aparición –que desafía la imposibilidad de la *presencia,* tan teorizada por Derrida– hace en verdad a la visibilidad de un mundo diferente: miramos y *somos mirados* con un énfasis que resulta por lo menos inquietante. En esa lógica especular parecería que nada escapa a algún nivel, aún elemental, de registro: tanto las cámaras personales, que turistas o simples paseantes esgrimen en todos los puntos del planeta –donde más de una vez quedaremos retratados sin saberlo–, como las callejeras, que acechan el paso de las multitudes, junto con las ya clásicas, que nos miran desde bancos, edificios, cajeros, *shoppings,* aeropuertos… Un mundo donde precisamente esas nuevas tecnologías de comunicación han operado una dislocación del tiempo y del espacio, difuminando fronteras y distancias en una patente simultaneidad "transnacional": siempre estamos ahí, donde la imagen nos atrapa, el *Chat* nos convoca o el imperioso sonido del teléfono celular nos interpela.

Si tomamos dos polos antitéticos de ese "ver todo", el de lo privado y lo íntimo, que supone una cada vez mayor permisividad de imagen y palabra, a menudo en desliz hacia la procacidad –una "intimidad pública" cuya liberación, también paradójicamente, termina reforzando el autocontrol–[6] y el de los acontecimientos traumáticos –guerras, atentados, crímenes, catástrofes, cuya acumulación en ciertos programas televisivos ya conforma un género– encontraremos sin embargo varios puntos de intersección: la forma del espectáculo, la atracción fatal de la mirada, ese *algo más* que se busca en el límite de la imagen, en su veladura, sea en el cuerpo erótico o estallado, la identificación, glamorosa o no, con el destino o la vida del otro –su felicidad o su desventura– y también, por cierto, ese mecanismo sin pausa de la modelización social, que traza el umbral, siempre variable, de lo permitido y lo prohibido, los sentimientos recomendables y los otros, esa gestión de las pasiones que es constitutiva del orden social. La imagen, como en el arte sacro de Occidente, sigue cumpliendo no sólo un papel aleccionador y pedagógico, marcado fuertemente por la ideología, sino también disciplinador: hay una regulación de las costumbres que se pretende cada vez más universal y también un nuevo registro del miedo, más allá de las fronteras, que nos coloca a todos por anticipado en el lugar posible de la víctima –y hasta del victimario. Un miedo paralizante –la expresión *"war on terror"* es significativa– por el cual se optaría por la conservación de lo existente, aun cuando su sustento sea la coerción y la mentira.

Violencias sobre lo íntimo y sobre lo social, que no necesariamente se plasman en imágenes violentas: el poder de la imagen se articula aquí con el poder, a secas, y éste se ejerce también a través de los procedimientos técni-

---

[6] El sociólogo Norbert Elías ([1987] 1991) analizaba los mecanismos por los cuales la puesta en la escena pública de las pasiones (como el deporte) o los afectos propios del ámbito privado (sentimientos, sexualidad) más que operar una real liberalización de las costumbres termina reforzando la conducta, el autocontrol.

cos, retóricos: la repetición obsesiva –lo vemos en cualquier noticiero– el ritmo alucinatorio, el sonido avasallante, el encuadre efectista, la agresividad verbal. Sin embargo, y pese a su evidente carácter espectacular, la puesta en escena de lo traumático, más allá del acostumbramiento, no deja de suscitar la compasión, también ella "global". Es que, ante las imágenes desoladoras –y sin duda violentas– de tantas guerras "humanitarias" –el cinismo no tiene límites–, ante la tortura, la desposesión, las penosas migraciones contemporáneas, resulta difícil sustraerse a ese sentimiento, que parece afirmarse como una nueva ética.

Pero ¿es eso suficiente? ¿Alcanza para lograr una transformación del estado de las cosas? Porque la compasión ni nos exculpa ni nos exime de otros protagonismos, teóricos, reflexivos, críticos y políticos que, como enunciadores y receptores avezados, también podríamos –y deberíamos– ejercitar.

Tanto más cuanto que la manipulación mediática –en su sentido semiótico, de *hacer–ver*– combina ese registro épico de la información, el sufrimiento de poblaciones enteras, con la violencia cotidiana de la crónica roja, con los desafueros de la política y la efervescencia de la protesta local, en un conglomerado cuya intensidad es difícil procesar –sumado a ello los otros "efectos de pantalla", la publicidad, el cine de acción catastrófica, los juegos electrónicos, la Internet[7]…

Es ante la "normalidad" de este exceso que puede sobrevenir la tentación terapéutica de sustraerse lo más posible a la visibilidad –elegir no ver– o intentar, como educadores, padres, comunicadores, funcionarios, suprimir, cada uno en su esfera de influencia, ciertos registros potencialmente negativos de esa mostración. En efecto, los términos del debate contemporáneo –teóricos pero también jurídicos, estéticos, éticos y políticos– tienden tanto a redefinir el estatuto de la imagen y la mirada en nuestro conflictivo presente como a intentar poner recaudos a su uso indiscriminado.

Pero ¿con qué criterios se haría esa selección? ¿Qué límites intervendrían en la decisión? Por cierto hay límites que la sociedad puede reconocer como

---

[7] Hay además otro registro, donde parecen identificarse productores y perceptores: los nuevos casos de videos o fotografías tomadas por "la gente común", que son emitidos en programas de información –como en las cadenas de noticias– y que pretenden expresar otros "puntos de vista", donde el valor diferencial respecto de las imágenes profesionales estaría puesto en su aparente captación espontánea, sorpresiva o directa –no se va a buscar el acontecimiento sino que éste irrumpe en el presente del sujeto y es registrado por un celular o cámara digital, siempre listos a disparar.

de responsabilidad común: aquellos que infringen los criterios básicos de la sensibilidad, el pudor, la convivencia o exaltan el odio, la discriminación, la xenofobia, el sexismo, pero, como sabemos, la distinción no siempre es tan nítida ni tiene una obligada relación temática. En renuncia a cargar todo el peso en la imagen misma, Marie–José Mondzain propone distinguir entre *visibilidad* e imagen, la primera como repetición, pasividad y conformismo del ojo –cualquiera sea su tematización–, la segunda como actitud doblemente activa –también del perceptor– hacia el pensamiento y la crítica. Esto habla de una doble responsabilidad: la del productor de las imágenes o de quien las pone en circulación –medios, instituciones, individuos– y otra responsabilidad ineludible, a la que he llamado "responsabilidad de la mirada", que vuelve la cuestión hacia nosotros, hacia la potencia crítica del mirar y el *responder* en consecuencia.

2. La marca del diseño (o la captura de la mirada)

Si cada época inspira sus propias metáforas, se deja definir por ciertos significantes clave, toda alusión a la "era de la imagen" debería acompañarse, sin temor de exageración, con el atributo "diseñada". En efecto, el diseño, involucrado fuertemente en la cultura visual, es parte esencial de ese despliegue del mercado y del consumo que se expresa en tendencias y estilos "globales", tanto a nivel de las pantallas como de los objetos –construidos simbólicamente en esas pantallas–, tanto a nivel de la macro visualidad urbana –donde incluso parecen haberse borrado los rasgos vernáculos de Oriente y Occidente–, como de las marcas de empresas, instituciones, corporaciones, gobiernos –cada gestión acuña su propia imagen institucional– y hasta países –el turismo y el comercio parecen haber instituido la necesidad de la "marca país"– amén de sus intervenciones habituales en cualquier materia significante, de la tarjeta personal a la imaginería "autobiográfica" del *blog* o la materialidad del cuerpo, más allá –o más acá– de la moda, del más simple objeto de diseño hasta el "hotel boutique", la gastronomía "gourmet", los barrios o ciudades convertidos en "polos" de diseño. Así, como en una puesta en abismo –o un juego de cajas chinas– la imagen diseñada del automóvil diseñado aparece en la pantalla también diseñada, en el marco de una campaña, de un programa y de una temporalidad donde la concepción global de "diseño" –*o branding*– ha sido prioritaria. En el otro extremo, como vimos, también pasan por el ojo del diseño las imágenes de las miserias del mundo, desde los noticieros, la fotografía o el cine documental a las campañas que solicitan nuestra solidaridad –o nuestra buena conciencia– ante ellas, sea a nivel nacional, internacional, gubernamental, no gubernamental… Parecería que la capacidad de ver está tan ligada al imperio de la forma –y de la puesta en forma– que todo lo que escape a ella corre el riesgo de invisibilidad.

Múltiples variables podrían confluir en la explicación de este fenómeno, que parece haber cumplido con creces aquel deseo de "universalidad" que animara en los años '30 a la legendaria Escuela de la Bauhaus –uno de los hitos fundacionales del diseño moderno– aunque muy lejos por cierto de sus postulados: lograr la articulación feliz entre la "buena forma", la funcionalidad, la calidad y la posibilidad de ser usado y disfrutado por las mayorías, y donde estética, ética y política eran términos indisociables. Por el contrario, el actual despliegue universal del diseño –que no supone necesariamente formas "universales"– va de la mano de una tensión paradójica entre homogeneización y diferenciación, donde cierta uniformidad de los consumos –en ámbitos geopolíticos y culturales muy diversos– no atenúa la creciente desigualdad, ese abismo entre la riqueza extrema y la pobreza extrema que es uno de los peores males de la globalización.

En ese escenario problemático el diseño opera trazando fugaces sintonías –una marca, una música, un estilo, igualmente aceptados aquí y allí– y acendradas divergencias. Vivimos sin duda la contundencia de un capitalismo transnacional donde materialidad y virtualidad se articulan también de modos paradójicos: si el "objeto" está ausente muchas veces en la compleja retórica publicitaria que lo pone en escena menos por su *ser* que por su investidura simbólica, esa carga simbólica lo constituye precisamente en el más apremiante objeto de deseo –el bolso mítico que hasta puede alquilarse por dos días por el mismo valor de compra de un ejemplar– otro de alta calidad en el mercado– donde ya ni siquiera la posesión sino la mera *mostración*, el "como si", deviene un mecanismo identificatorio. Un "capitalismo metafísico", como lo llama Scott Lash (2005), donde la oscilación entre materialización y desmaterialización alcanza tanto al dinero –números digitales que se dibujan en pantallas interconectadas cuya mínima fluctuación es inquietante y al mismo tiempo entidades corpóreas cuyo tránsito, muchas veces ilegal, se da a través de los vehículos más pedestres– como a los bienes y servicios, superados ampliamente por la expansión ilimitada de los *medios*, esa especie de "estado digital" del planeta que se manifiesta aún en los rincones más remotos y desamparados. Un capitalismo cuyos principios, según Lash, son la auto-organización y la diferencia, principios que podríamos sin desmedro transferir a la propia actividad del diseño: la puesta en forma –que es por cierto, puesta en sentido– siempre bajo la impronta de la diferencia, de un *hacer–ver* (¿el mundo?) de otra manera y entonces en cierta vecindad con ese don de creación –y de imaginación– que Aristóteles atribuía a la metáfora. Se objetará quizá que es mucho decir respecto de las operaciones, a menudo rutinarias, con que se acuñan logotipos, isotipos, marcas, tipografías, se diagraman puestas en página, tapas de libros, formularios, afiches, se diseñan envases de alimentos, modelos de ropa, páginas web… o bien, que sólo algunas piezas excepcionales, en la miríada de objetos del diseño, podrían aspirar a ese estatuto. Pero no nos estamos refiriendo a los objetos sino a la práctica, no a sus "productos" sino a las reglas y lógicas que hacen a una actividad semiótica de toda importancia, con campos de especialización instituidos y diversos –diseño industrial, gráfico, de imagen y sonido, de interiores, de indumentaria, de paisaje…– en definitiva, a una práctica social, comunicativa, organizativa, cultural, donde priman tanto los valores del presente –la innovación, la experimentación– como el arraigo de la tradición. Una práctica que, más allá de sus buenos o malos "resultados" –e incluso, de la conciencia que se tenga de ello– concierne, en diversa medida, tanto a la estética como a la ética y la política.

¿Podríamos afirmar entonces, invirtiendo la pregunta de nuestro comienzo, que el diseño ayuda a vivir –o al menos lo pretende? Seguramente sí en relación al mercado, del cual es un estímulo permanente –y casi una causa eficiente–, y en multiplicidad de usos sociales relacionados con la claridad de la comunicación, sus aspectos indiciales –como la señalética– o cognitivos –las campañas de prevención y educación, entre muchos otros ejemplos– pero también en lo que hace al *confort* individual y la funcionalidad de los objetos que lo constituyen. Sin ánimo de respuestas totalizadoras, tanto el espacio de lo público como el de lo privado –cada vez menos discernibles– están atravesados por un modo de ver que lleva la impronta del diseño: hay un evidente entrenamiento –y acostumbramiento–, una naturalización de formas e imágenes que fueron alguna vez metafóricas, disruptivas –como las de las vanguardias artísticas del siglo XX– pero que operan ya como efectos de reconocimiento del mundo que nos rodea, de ese *habitar,* donde los rasgos físicos, materiales, se articulan necesariamente a valores simbólicos y configuran por cierto formas de vida, en sus aspectos objetivos y subjetivos.

Si nos remitimos al mundo privado y su recinto mítico, la casa, el hogar, quizá nos sorprenderíamos al darnos cuenta de que prácticamente nada ha escapado a la impronta del diseño en su concepción moderna: objetos, muebles, ropa, envases, libros, discos, periódicos, y por cierto, todos nuestros modos digitales de comunicación, las imágenes que nos hablan desde las pantallas, las que nosotros hacemos hablar en el *email,* el *Chat,* los *blogs…* pero también, y prioritariamente, así como estamos constituidos por el lenguaje, por lenguas maternas y de adopción, cuyos significados conllevan visiones del mundo, estamos socialmente sometidos al imperio de la forma. Forma de los cuerpos, dictaminada por el reverbero de la imagen en diversas superficies –no sólo en las pasarelas–, cuerpos ideales según sexo, género, edad, grupo de pertenencia o clase social, productos de refinadas "tecnologías del yo", para usar la expresión de Foucault ([1988] 1990), que en nuestro tiempo van de las dietas a la gimnasia, la sexualidad, el yoga, el *spa,* el aerobismo, los deportes, las sustancias "mágicas", la cosmética, las terapias, la autoayuda, la cirugía –porque hay rebeldías incorregibles– y por cierto, las últimas novedades que la estela de la moda deja en la orilla de cada temporada. Pero también, como rasgo de época, se nos recomienda de vez en cuando el *slow down,* el alejarse de la tensión de los centros urbanos buscando precisamente aquellos sitios del mundo que perviven, increíblemente, ajenos a los mandatos de la imagen y el diseño –aunque, al llegar, nos sorprendamos viendo que aún allí nos esperan magníficas creaciones autóctonas, artesanales, que responden a pautas y modelos inequívocamente diseñados.

Forma de los cuerpos que es también diseño de las almas, si se nos permite la metáfora, por cuanto la construcción de identidades e identificaciones –con esos modelos propuestos del "buen vivir"– no distingue entre "interior" y "exterior" sino que involucra la totalidad del ser –o al menos, esa totalidad imaginaria que creemos ser–, poniendo en juego no solamente elecciones estéticas, formales, sino también –y sobre todo– la trama del afecto, que es la que sostiene esas identificaciones. Así, ese "diseño" del espacio interior –de la casa, de las personas– es constitutivo de la subjetividad, cuyos rasgos biográficos, singulares, llevan siempre la impronta de lo social.

Quizá por eso, por la agudizada conciencia del poder de los afectos y las pasiones en la vida cotidiana, las tramas sociales, la política, este capitalismo "metafísico" haya hecho de ese don intangible del afecto un producto más del mercado –amén de una fuerza propulsora del mismo– a través del diseño, la publicidad, el *branding*, la "cultura empresarial" y los medios de comunicación en general, donde somos interpelados justamente –y crecientemente– en nuestro ser emocional más que racional, tanto individual como colectivo.[8] Una interpelación que pone el acento en la vivencia, los sentimientos, la experiencia, el valor de lo auténtico, lo verdaderamente vivido, susceptible de ser atestiguado por la historia, por la presencia y por la propia voz, ya sea en el piso televisivo, en el aviso publicitario, en la "escena del crimen", en la escritura autobiográfica o autoficcional.

Esta tendencia preponderante en la escena contemporánea, que es precisamente la mostración, a menudo exacerbada, de la subjetividad –y de la privacidad– en los distintos ámbitos de lo público, sea en la letra como en las pantallas, me llevó al estudio y la definición de un *espacio biográfico* (Arfuch, 2002) que va mucho más allá de los géneros discursivos tradicionales –biografías, autobiografías, diarios íntimos, correspondencias– para involucrar nuevos géneros y formas literarias, mediáticas, políticas, de las artes visuales, el cine, el teatro y hasta las ciencias sociales –cada vez más interesadas en la palabra en directo, el testimonio y los relatos de vida del "actor social"–, sin contar el súbito "giro autobiográfico" de las intervenciones en la web, donde la socialización de la experiencia y la intrusión de ojos ajenos en la intimidad se ha hecho ya una práctica corriente, pese a la dudosa veracidad de los dichos y los "hechos" que en ella circulan.

---

[8] En uno de los tantos foros de Internet sobre el *branding*, como estrategia compleja de construcción de una identidad institucional –y fuertemente diferencial– en todos sus aspectos, se alude a Tom Peters, "gurú de gurúes" (sic), para explicar que ese particular accionar "tiene que ver con la pasión, con la historia que queramos contar, con la causa que motiva nuestra empresa. Las historias y experiencias serán más importantes en el futuro que los productos, según Peters, porque la capacidad de transmitir emoción es lo más importante en un mundo controlado por la tecnología" (//.fb 15/09/08).
Por otra parte, si el arquitecto, por ejemplo, siempre estuvo muy cerca del psicólogo, por la complejidad que supone el diseño del espacio a habitar, hay ahora también una "arquitectura emocional", donde el vector de la funcionalidad de ese espacio pasa a un segundo plano para atender no sólo a gustos y preferencias sino a la configuración subjetiva profunda de los futuros habitantes.

Tendencias evidentemente globales, detectables en los más distantes escenarios, que pueden leerse transversalmente –y sintomáticamente– tanto en los consumos culturales como en el de otros productos –cuyo consumo en verdad también es "cultural"– y que dan cierta tonalidad a la época, un "aire de los tiempos" nunca totalmente nuevo –como en la moda, hay siempre *revivals*– perceptible tanto en el horizonte del acontecimiento como en la minucia de la vida cotidiana y que se manifiesta nítidamente en las determinaciones del sentido común.

Si esta tonalidad subjetiva impregna todo tipo de discursos y prácticas, difuminando los límites entre público y privado –cuya diferencia se saldaría en una suerte de "espacio común"– también los acontecimientos traumáticos dejan su marca en el devenir de las vidas singulares: la precarización del trabajo, las migraciones forzosas, los eternos focos de conflicto, el aumento de la violencia, el deterioro ambiental, hacen sin duda a una sensación de mayor fragilidad de la vida (Butler, 2006), incrementada por la obsesión mediática de hacernos espectadores en primera fila de todas las desgracias –y entonces, quizá, contentarnos con la rutina del simple pasar. De nuevo en un vaivén paradójico, una época portentosa de descubrimientos, avances científicos y tecnológicos, de generación de inmensas riquezas, de apertura de horizontes físicos y mentales –la biotecnología, la "máquina de Dios"– tiene una contracara oscura, de creciente inequidad, donde el respeto a la vida y los tan mentados derechos humanos parecen quedar en una mera enunciación. Sin reeditar el desencanto moderno del siglo XX ante la distancia insalvable entre el progreso de la técnica y una mayor justicia de la vida humana –en tanto ya no alientan las viejas utopías– cabe hoy por lo menos el cuestionamiento crítico, cierta prudencia ante la exaltación celebratoria del mercado y de la comunicación feliz en un "mundo sin fronteras" –por más que no podamos sustraernos a la maravilla técnica de esa comunicación y vivamos prisioneros de sus ritos y prácticas–[9] un mundo donde efectivamente la virtualidad borra límites pero también crecen murallas físicas, sólidas,

---

[9] Analizando críticamente el papel preponderante de Internet y en particular del buscador *Google* en los hábitos de nuestra vida profesional y cotidiana, la filósofa Bárbara Cassin (2008) planteaba la necesidad de no confundir "información" con "cultura", enfatizando el proceso de indagación y elaboración personal que supone esta última, no reemplazable por la mera aceptación de los "resultados" que arroje una búsqueda en la web.

sórdidas, como en otras eras, separando países y regiones, afortunados y desafortunados del planeta. Esa distancia de la crítica –que no se identifica con el pesimismo– permite ir más allá de la aceptación natural del "estado de las cosas" para hacer de la práctica –teórica, educativa, comunicativa, artística, *diseñística*–, un espacio de interrogación, de inquietud, de transformación y también de resistencia.[10]

3. El diseño y el desafío de la crítica

¿Cuáles son los interrogantes que se plantean hoy en el campo del diseño? ¿Qué debates suscita su práctica en este contexto problemático? En líneas generales, tanto el campo disciplinar como profesional parece debatirse entre el reconocimiento de su poder comunicativo y la resistencia a la teoría, entre su docilidad al mercado y el compromiso ético, entre una definición esencialista de "la identidad" –*corporativa*– y la inequívoca multiplicidad identitaria del mundo actual. Así, según las voces, se dará importancia al involucramiento en la realidad circundante, cualquiera sea la intervención requerida y no solamente en relación con cuestiones de alcance social y político –defensa de la paz, del medio ambiente, de valores de democracia, justicia, equidad, etcétera– o bien se pondrá el acento en los aspectos técnicos, formales, en la eficacia de respuesta al mercado, al interés puntual del "comitente". Asimismo, al hablar de diseño, a menudo se habla más de sus "objetos" –piezas, campañas, eventos, tendencias– que de la práctica significante –y por ende, social– que lo sustenta. Es justamente ese amplio campo de incumbencias el que nos interesa aquí, su dimensión como práctica pero también como disciplina, especialización, profesión. Su lugar en la trama de la cultura, en sintonía con el "clima de época", tal como lo hemos esbozado, pero también su definición como campo del saber, en el marco de instituciones educativas, sobre todo universitarias.

Si su proliferación, su ubicuidad, es uno de los componentes del "poder del diseño", que con el capitalismo post-industrial globalizado parece alcan-

---

[10] Entre las ventajas que ofrece la web está por cierto el "ciberactivismo", que permite la conformación rápida de grandes corrientes de opinión y/o movilizaciones colectivas de importancia en pro de ciertas causas, a nivel local o global, identificadas con un ideal de justicia.

zar su punto máximo, el otro es justamente su capacidad de operar en el nivel simbólico, en la investidura afectiva que hace del objeto *algo más* que la suma de sus propiedades "reales" y refuerza en la imagen la atracción metafórica, la distinción –en su doble acepción de diferenciación y de prestigio. Dado que las imágenes con las que interactuamos cotidianamente funcionan con su enunciador en ausencia, una de las "reglas de oro" del diseño es precisamente reparar esa ausencia, poner en escena una "voz", aunque en verdad lo que entra en escena es la trama de relaciones –sociales– entre enunciadores y destinatarios. Así, las invitaciones, sugerencias, límites y advertencias que leemos en el diálogo directo con estas imágenes/textos diseñados funcionan porque nos hablan desde una "forma debida" –ya sea por ajustarse a un plan canónico de "manual de diseño", ya sea por gritar a los cuatro vientos que han sido diseñadas.

Pero no se trata solamente de la imposición de una forma –producto de complejas relaciones morfológicas, compositivas, semióticas, asociativas, donde se alternan tradición e innovación– lo que lleva la mirada a detenerse sobre algo en particular que se destaca, sale de anonimato, podríamos decir, en un horizonte saturado de imágenes. Es también la capacidad del soporte de evocar el carácter "oficial" de la estructura que enuncia. Volviendo a la dimensión performativa, el *hacer* del diseño se sostiene tanto en formas (visuales) legítimas como en su carácter de lenguaje autorizado: lo que dice "lo dice bien" y al mismo tiempo que aporta visiblemente al modo de uso de los espacios en los que interviene opera como recordatorio del orden invisible que los regula.[11]

Un hacer–ver, como venimos analizando, que puede ser también un hacer–conocer –o reconocer–, y por ende diferenciar y quizá valorar como único: "lo original, decía un anuncio publicitario, no es algo que se crea por primera vez sino aquello que no puede ser copiado". Apuestas –y desafíos– de la intervención del diseño sobre diversas superficies significantes, sobre todo en la construcción de la marca.

Si el diseño es indisociable de la cultura de la imagen –que muchos contraponen a una real pérdida de la palabra, el texto, la argumentación– su poder simbólico tiene que ver muchas veces con cualidades virtuales, con

---

[11] Agradezco a Mariela Antuña, diseñadora gráfica de larga trayectoria en nuestra cátedra, esta sugerente observación.

una promesa hipotética de felicidad –la "bondad" del producto o del mensaje, los valores que, conciente o inconcientemente se transmiten– siempre en competencia con otras promesas, donde la confianza y la credibilidad –también intangibles– son un factor decisivo.

Esa distancia del producto "en sí mismo", que la mediatización viene operando desde hace décadas, sobre todo a través de la publicidad, es también la distancia de la *necesidad,* que sin desaparecer por completo, y aún en relación al consumo alimentario básico, ha cedido lugar, en la dinámica imparable del mercado, a la ley del deseo, esa obsesiva obligación de comprar, remplazar, cambiar, ampliar, renovar, es decir, de entrar en un engranaje sin fin, que devora tiempo, esfuerzo, dinero, bienes, y una enorme energía reproductiva que quizá podría invertirse de otra manera. El diseño, en lo que contribuye a las estrategias de comunicación que alientan la racionalidad –o irracionalidad– del mercado, está profundamente involucrado en ese devenir, cuya trascendencia política es innegable en tanto el consumo tiene un carácter fuertemente discriminador: el estar "fuera" del consumo es casi equivalente a estar fuera de la sociedad.

Cuando se plantea críticamente la relación entre diseño y publicidad –relación ni excluyente ni obligada ya que es apenas uno de sus campos posibles de aplicación– y en tanto esa relación convoca fuertemente la imagen, suele aparecer la pregunta de si el diseñador debe aceptar trabajos relacionados con la incitación al consumo o la puesta en valor de sustancias o prácticas dañinas para la salud o para la sociabilidad –ejemplos clásicos: el cigarrillo, el alcohol, la velocidad, la competitividad, etcétera– o bien negarse y entonces reducir o afectar su desempeño laboral. El planteo, común entre los estudiantes de diseño, sobre todo gráfico, conlleva una visión maniqueísta y en cierto modo "contenidista" que carga las tintas precisamente sobre el "producto" dejando en suspenso las estrategias de persuasión utilizadas. Habría así imágenes "buenas" o "malas" según su relación temática, dando por supuesto que la publicidad de algo "positivo" lleva en sí misma una especie de bendición. Por cierto, el "hacer o no hacer" es del orden de la decisión –algunos famosos diseñadores han explicitado su negativa, por principios, a aceptar tales encomiendas– y por otra parte ese tipo de publicidad está ya bajo la mira de entidades gubernamentales en varios países, en un intento, justamente, por limitar su influencia. Pero la cuestión, desde un punto de vista teórico, no queda saldada: una vez más, sería erróneo pensar que la dimensión ética –que es lo que estaría en juego en el caso– concierne solamente al "qué" dejando en suspenso el "cómo". Ya señalamos, en la primera parte, que la violencia –o la negatividad, o la agresividad– de la imagen no está tanto en *lo que muestra* sino en los modos de esa mostración, en los mecanismos de puesta en sentido, en el lugar que se le asigna a su receptor y en los *valores* que, directa o indirectamente, exalta. Así, hay imágenes que venden el bien y la felicidad y pueden producir violencia –la violencia simbólica que produce la contemplación de un mundo saturado de objetos para los que nada tienen, por ejemplo– e imágenes de enorme violencia ligadas a los más inocentes productos. Tampoco las "buenas causas" –campañas de esclarecimiento, de solidaridad, de educación, de prevención– tienen el cielo asegurado: muchas veces, con las "mejores intenciones" hay imágenes que enfatizan justamente aquellos rasgos sobre los que asienta la desigualdad y aún, la discriminación. Difícil balance entre el "nosotros" y el "ellos" que requiere de una gran sutileza en la composición y de una claridad conceptual que involucra, nuevamente, tanto la ética como la estética y la política.

Hay también, entre los enunciados que circulan, una especie de partición salomónica: aceptar las exigencias del mercado –que por otra parte nunca son tan taxativas que impliquen obligadamente una forma determinada de realización– y luego expiar los pecados de la incitación al consumismo cumpliendo una "función social", es decir, aportando el *know–how* del diseño a alguna de esas "buenas causas". Por cierto, nada hay de malo en ello y hasta puede ser muy loable, pero en verdad, de lo que se trata es del ejercicio cotidiano de una profesión, en sus diversas solicitaciones, es allí donde se juega, día a día, el compromiso ético, si es que puede llamarse así a una manera de estar en el mundo –y a un tipo de relación con los demás– cualquiera sea la función que se cumpla.

Quizá estas cuestiones se planteen una y otra vez por la relativa juventud del diseño en su contorno actual, en tanto disciplina, profesión estrechamente ligada al mercado y carrera universitaria masiva –las primeras Carreras de Diseño en la Universidad de Buenos Aires, Diseño Industrial y Gráfico, datan de 1985, aunque son más antiguas en otras instituciones[12]–, quizá por-

---

[12] Remitiéndonos a la Argentina, si bien las carreras de Diseño son relativamente nuevas en la Universidad Buenos Aires –luego de las dos primeras se agregaron Diseño de Imagen y Sonido, Indumentaria y textil y Diseño del Paisaje-, hay una importante trayectoria anterior, ya que en la

que los usos publicitarios opacan otras incumbencias socialmente relevantes. El hecho es que, a nivel justamente de la disciplina, no deja de darse una especie de efecto paradójico: cuanto mayor es la importancia del diseño en el mundo contemporáneo, cuanto más extendido su uso y sus áreas de influencia, menor importancia se le acuerda –por lo menos, en ciertos ámbitos formadores de opinión– a la teoría y a su estatuto como formación universitaria.

En efecto, el diseño –y especialmente el Gráfico– está en la mira de un debate en torno de su definición y de su especificidad que no ha variado demasiado en los últimos veinte años. Distintas opiniones –provenientes en general más de la práctica que de la teoría– se enfrentan sobre la cuestión ontológica –que es y qué no es diseño– sobre su deslinde con el arte –para algunos, no tiene nada que ver con él, para otros hay algún tipo de vecindad entre ambos – sin considerar evidentemente los casos de límites borrosos, los artistas que hacen y/o usan diseño, los diseñadores que hacen arte y la cuestión más general del arte contemporáneo, decididamente influido por el diseño y viceversa. Otro registro del debate es el de la definición de la práctica misma: si se trata de una profesión, de una técnica, de una especialidad de la comunicación visual o apenas de un sabio manejo de programas informáticos… Aquí aparece también la contraposición entre la imagen mítica del artista –bohemio, creativo, que "hace diseño" como quizá video–arte o cualquier otra cosa dentro de las llamadas "profesiones estéticas"– y una imagen cuasirobótica: la del que sólo tiene que "obedecer al comitente" y "solucionar problemas" dejando la propia cabeza –opiniones, subjetividad, sensibilidad– fuera del juego. En el medio hay por cierto –y afortunadamente– posturas más matizadas.

Respecto de la relación con el arte se podría decir que arte y diseño difieren esencialmente en cuanto al objeto, la intencionalidad y la motivación pero sin embargo comparten un campo obligado de referencias –visuales, estéticas, compositivas– en tanto se remontan a un cierto tronco común –recordemos que en muchos lugares la carrera de Diseño se encuentra en Facultades o Escuelas de Artes, como en Londres, Barcelona y La Plata, por ejemplo.

Universidad Nacional de La Plata, en la Facultad de Bellas Artes –éste no es un dato menor– las dos carreras, Diseño en Comunicación Visual y Diseño Industrial datan de 1963, mientas que en la Universidad de Cuyo la Carrera de Diseño se creó en 1958.

34

En cuanto a la definición de la profesión, si es tal o se trata simplemente de una técnica, una *expertise,* o un manejo del *software*, cada vez que alguien afirma que la función del diseñador es la de "solucionar problemas" uno no puede menos que pensar –sin demasiada ironía– que todas las profesiones del mundo podrían entrar cómodamente en esa descripción, incluidas las de los trabajadores manuales de cualquier gremio.

¿Por qué ese significante insiste en el discurso del diseño y no en otros? Se podría decir que es porque, debido a esa relativa "juventud" del campo –en su concepto actual–, debe validar sus credenciales, pero no suena demasiado convincente. O tal vez porque efectivamente transita un terreno multifacético, entre el arte, la técnica, la teoría, la racionalidad y la inspiración y es difícil definir su especialidad. Pero entonces ¿por qué identificarlo lisa y llanamente con esa triste atribución que no "especifica" nada? Ésta es sin duda una de las paradojas a las que aludíamos más arriba: por un lado, un involucramiento tal en la sociedad de la comunicación y en la cultura de la imagen que excede incluso las competencias que delinea la carrera universitaria, por el otro, una manera tan restrictiva de definir el campo y/o autodefinirse –porque los que suelen usar estas expresiones son diseñadores o consultores, aunque a veces parecería que sólo las usan para referirse a los demás–, que transforma a una actividad compleja, que tiene que ver por cierto con una práctica operativa pero también con aportes de diversas teorías – de la semiótica, la estética, la filosofía, la sociología, la psicología y podríamos seguir–, con el conocimiento de las lógicas económicas globales y las tendencias culturales del mundo contemporáneo, en una mera "técnica para incrementar las estrategias racionales de comunicación del mercado" (*sic*).

Justamente, lo que aparece en estrecha relación con esta definición restrictiva es lo que, parafraseando al crítico literario Paul de Man (1990) podríamos llamar "la resistencia a la teoría": vaya a saber por qué prejuicio o para evitar qué exceso de "saber", hay voces que se levantan *contra* la teoría, que sería un peso innecesario, una molesta mochila que entorpecería el ligero andar del diseñador en pro de la rápida solución de los problemas que se le planteen. La teoría aparece así como un contrapeso de la eficiencia, entendida ésta como un conjunto de saberes prácticos que son los que realmente se requieren para una feliz intervención. Por cierto que la cultura nunca está de más, afirman, pero en este caso es algo secundario, que ayuda –como en cualquier profesión– pero que no define la índole del rol.

Esta concepción, bastante limitada, ayuda poco a afianzar una todavía escasa comprensión del papel del diseñador en el propio mercado de trabajo: más de una vez habrá que explicarle a un virtual comitente –sobre todo en la pequeña y mediana empresa– cuál sería la diferencia cualitativa de contratar a un profesional con título. Sin embargo, parecería que en la Argentina, y en particular en Buenos Aires, nominada hace poco como "Capital del Diseño", hay avances importantes en cuanto al reconocimiento de la especialidad del campo y de la profesión, que se incluirían dentro de un sector innovador emergente de la economía –cuarto sector o "tercer sector avanzado" (diseño, informática, biotecnología, etc.), de alta valoración a nivel mundial y que fue una de las "oportunidades" de crecimiento que trajo aparejada nuestra post–crisis de 2001.[13]

Y he aquí otra paradoja: mientras el campo profesional parece expandirse y hay una verdadera explosión de las carreras de diseño – por lo menos en universidades de la Argentina – y empiezan a instituirse los estudios de posgrado, siguen circulando concepciones que conspiran contra el perfil que se espera de un universitario: alguien que no sea simplemente un "cuerpo dócil" del mercado sino que tenga ideas propias y sea capaz de desplegar un poder de convicción para sostenerlas, a partir de sus saberes y de una actividad reflexiva y crítica. Unos saberes que son tanto prácticos como analíticos y conceptuales y que van de la mano de la investigación y la contextualización.

Es que si el diseño tiene un papel nada desdeñable en la producción de significaciones de una sociedad, el diseñador es sin duda un *comunicador social*, aun cuando no trabaje en relación con grandes empresas o medios de comunicación sino en circuitos más acotados. Y aquí aparece otro tema, al que aludimos más arriba, que es el de la responsabilidad o la función social del diseño, en torno del cual se ha generado una falsa antinomia entre "obedecer al deseo del comitente" –que supondría resignar toda objeción de tipo ético, estético o político– y "sostener una opinión propia" cosa que parecería

---

[13] En efecto, en la "post–crisis", alentada tanto por las ventajas comparativas del tipo de cambio como por la necesidad de encontrar salidas laborales "sustentables" se dio una notoria aparición pública de una camada de jóvenes diseñadores egresados de las carreras de diseño, sobre todo de la UBA –de indumentaria y textil, de imagen y sonido, gráfico, industrial, etcétera– que lograron armar sus pequeñas empresas y que contribuyeron a consolidar "polos de diseño" en algunas zonas o barrios, como el caso de "Palermo Soho" en Buenos Aires.

contrariar naturalmente –y necesariamente– ese deseo –o la ley del mercado. Así, el diseñador estaría sólo para atender al primero, dejando para la cátedra o para su registro de buenas acciones individuales la "función social".

Desde mi perspectiva, y más allá de la idea general de que el diseño puede contribuir, de múltiples maneras, al "buen vivir" – en términos de claridad de la comunicación, armonía estética, ampliación del conocimiento, *confort*, satisfacción de necesidades y deseos, etcétera– no creo que el diseño tenga ninguna "función social" que le sea específica –como quizá la tengan la sociología, la psicología o la antropología. Lo que sí hace, con intención o sin ella, es aportar a la elaboración y reelaboración constante de las significaciones sociales, por eso es tan importante dirimir el sentido de esa aportación. ¿No podría por ejemplo pensarse que un diseñador profesional o un equipo de diseño puedan tratar de satisfacer a su comitente *sin por ello resignar ciertos principios* que deben acompañar el ejercicio de la profesión –de cualquier profesión– en todo momento y no solamente en relación con las "buenas causas"? Principios que tienen que ver con la convivencia, la equidad, la no discriminación, el respeto y el reconocimiento del otro, la valoración de la diferencia, la solidaridad, y hasta *la verdad,* con toda la problematicidad que entraña esta palabra. Significantes escasos en el horizonte de la comunicación contemporánea, donde a menudo la publicidad, la propaganda, la información y otros registros mediáticos sólo parecen exhibir "lo peor de nosotros", en términos de parcialidad, competencia feroz, cinismo, sensacionalismo, sexismo, xenofobia… Y aquí no habría que cargar todo el peso –o la culpa– al "mercado" por lo que *pide* sino considerar también qué clase de iniciativa personal o grupal le *responde*: a menudo una "brillante" idea cargada de este tipo de connotación ideológica sale azarosamente –y por cierto, sintomáticamente– sin el menor recaudo, de la mente singular de un "creativo".

Así, el compromiso ético del diseñador o su responsabilidad social, como se lo prefiera llamar, no tendrá que ver con determinados "productos" o mensajes, sino con su *ser sujeto,* con su manera de estar en el mundo, de asumirse como miembro pleno de una comunidad, conciente, reflexivo y crítico, tanto respecto de los valores que la sustentan como de los efectos de sentido que es capaz de producir la más simple intervención verbal/visual en el flujo incesante de la comunicación.

Referencias bibliográficas

ARENDT, H. 1974 [1958] *La condición humana*, Barcelona, Seix Barral.

ARFUCH, L. 2002 *El espacio biográfico. Dilemas de la subjetividad contemporánea*, Buenos Aires, Fondo de Cultura Económica.

——————— 2008 *Crítica cultural entre política y poética*, Buenos Aires, FCE.

BARTHES, R. 1982 *La cámara lúcida*, Barcelona, Gustavo Gili.

BAUDRILLARD, J. 1984 [1978] *Cultura y simulacro*, Barcelona, Kairós.

BAXANDALL, M. 1978 [1972] *Pintura y vida cotidiana en el Renacimiento*, Barcelona, Gustavo Gili.

BENJAMIN, W. 1982 [1972] "La obra de arte en la época de su reproductibilidad técnica" en *Discursos interrumpidos I*, Madrid, Taurus.

BUTLER, J. 2006 [2004] *Vida precaria*, Buenos Aires, Paidós.

CASSIN, B. 2008 [2007] *Googléame*, Buenos Aires. Fondo de Cultura Económica.

DE MAN, P. 1990 [1986] *La resistencia a la teoría*, Madrid, Visor.

DEBORD, G. 1974 *La sociedad del espectáculo*, Buenos Aires, de la Flor.

DEBRAY, R. 1995 [1993] *El estado seductor*, Buenos Aires, Manantial

DERRIDA, J., STIEGLER, B. 1996 *Échographies de la television*, Paris, Galilée–INA

ELIAS, N. 1991 [1987] *La société des individus*, Paris, Fayard

FOUCAULT, M. 1990 [1988] *Tecnologías del yo*, México, Barcelona, Paidós

LASH, S. 2005 "Capitalismo y metafísica" en Arfuch, L. (Comp.) *Pensar este tiempo. Espacios, afectos, pertenencias*, Buenos Aires, Paidós, pp. 47–75.

MONDZAIN, M.J. 2002 *L'image, peut–elle tuer?*, Paris, Bayard.

NANCY, J.L. 2003 *Au fond des images*, Paris, Galilée.

RICOEUR, P. 1977 [1975] *La metáfora viva*, Buenos Aires, Megápolis.

VIRILIO, P. 1989 *Esthétique de la disparition*, Paris, Galilée.

El análisis cultural.
Nuevas perspectivas para pensar el diseño[14]

Verónica Devalle

Uno de los fenómenos más importantes sobre los que se ha reflexionado en las últimas décadas, es sin duda el protagonismo de la imagen en la vida cotidiana. Todo parece indicar que este acontecimiento domina el actual horizonte histórico. La hegemonía que han adquirido los nuevos medios de comunicación, cuyo primer soporte descansa en las posibilidades perceptivas del ojo, recrea y se alimenta a la vez de las potencialidades expresivas e interpretativas que ofrece todo aquello que aparece como visible. Los analistas sociales, cuya importancia reside entre otras cosas en ser los primeros en apadrinar un determinado nombre, han denominado a este fenómeno "cultura de la imagen". Bajo tal definición quedarían englobados la emergencia de nuevos lenguajes, el papel de los *mass–media*, la revolución digital, la "accesibilidad" propuesta por Internet, en fin, la serie de cambios en el imaginario social y cultural, una de cuyas características sobresalientes es la de encontrarse marcados por una fuerte presencia icónica.

---

[14] Algunas de las inquietudes que dieron origen al presente texto surgieron en el marco del proyecto UBACyT AR 045 (1994/1997) "El Diseño Gráfico en la Argentina: discursos, imágenes e imaginarios en las transformaciones de la época", dirigido por Leonor Arfuch en el Instituto de Arte Americano de la Facultad de Arquitectura, Diseño y Urbanismo (UBA) y fueron retomadas luego, bajo mi dirección, en el transcurso de sucesivas investigaciones con sede en el mismo instituto y universidad: 1) Proyecto UBACyT A 407 "Archivos del Diseño Gráfico en la Argentina. Un análisis socio-semiótico de sus publicaciones en el período 1951/1989" (2003); 2) Proyecto UBACyT A 003: "Documentos del Diseño Gráfico en Buenos Aires y La Plata. Un estudio sobre la consolidación de la disciplina en el período 1949–1985" (2004/2007); 3) Proyecto UBACyT A 406: Transformaciones del Diseño en la Argentina en las décadas del `70, `80 y `90. De la crisis del Estado de Bienestar al ingreso al mercado global" (2008/2010).

El gesto de síntesis que supone tal definición, es fácilmente utilizable, pues la alusión a la imagen resulta un eficaz vehículo para mencionar la tónica de nuestros tiempos. Sin embargo, reafirmar sin capacidad crítica su presencia, impide no sólo descubrir el surgimiento de nuevas lógicas sociales de acción –como pueden ser pérdida de la relación "cara a cara", las maneras interpretativas que supone la exposición a una información mediada por pantallas y cámaras, las nuevas construcciones de la realidad, las ciberfantasías en un nuevo tipo de narrativa, etcétera– sino que tal gesto olvida la complejidad del proceso de producción de lo visible. Así, la imagen aparece como algo dado, un *a priori* desde el que se inicia una afirmación y desaparecen las dimensiones y las acciones que intervienen en dicho proceso. Este panorama plantea una serie de interrogantes respecto del importante rol jugado por disciplinas que, como el Diseño Gráfico (DG), han sido subestimadas hasta el momento, o recuperadas como una "técnica menor". El problema no sólo reside en "cómo es visto" el DG, sino y centralmente "cómo se presenta" ante sus públicos –ciudadanos, consumidores o usuarios.

Efectivamente, de la misma manera en que la aparente inmediatez y hegemonía de la imagen aparece como un fenómeno macro y universal, el diseño, especialmente el Gráfico, ha rechazado posicionarse –seguramente no de una manera intencional– en un lugar que le permita efectuar interpretaciones más amplias. Por el contrario, su cometido teórico parece desarrollarse, en el mejor de los casos, en análisis de tipo morfológico, procedimientos de la buena/mala comunicación o estéticos; en el peor de los mismos, como una simple herramienta de mercadotecnia.

Desde ya que en este tipo de divorcio –la imagen ocupando casi una referencia universal, y el diseño una dimensión particular–, se ejecutan complejos olvidos, casi la pérdida de la conciencia crítica que necesariamente debe referir a las instancias intermedias, mediadoras del proceso de constitución de lo visible. Un análisis histórico puede sin lugar a dudas conformar un cuadro de situación, teniendo la posibilidad de ver allí los cambios producidos a nivel tecnológico, productivo, y realizativo del diseño. Este tipo de producciones teóricas ya se han realizado y ofrecen como saldo la reconceptualización del mismo en una escala mucho más amplia y abarcativa, que su sola referencia instrumental. Sin embargo, constituyen sólo un punto de partida. No podemos suponer que la explicación del diseño, y la especificidad que adquiere actualmente el Diseño Gráfico en nuestro país, queden resueltas en la ubicación histórica de sus problemas y soluciones.

Desde nuestra perspectiva, se trata más bien de la necesidad de comenzar a operar un análisis interpretativo de los modos del diseño, qué vertientes confluyeron en sus inicios, cuáles fueron las discusiones más sobresalientes y sobre qué dimensiones –sociales, productivas, culturales, estéticas– se articulaban y se articulan dichos debates. Cómo se producen los cambios en el sentido de los términos que ofrece el Diseño Gráfico, y bajo qué tipo de influencia –y por qué no, de una cierta tutela disciplinaria– emergen clasificaciones que aquí, en el contexto de la Universidad de Buenos Aires (UBA) en particular, resultan naturales y cotidianas. La "desnaturalización" de lo que aparece como inmediato y establecido quizás posibilite encontrar las huellas de una reapropiación del pasado, por cierto bastante singular.

Se trata, en definitiva, de una propuesta de lectura. Hasta el momento se ha leído al diseño desde el punto de vista que nos ofrece la historia, como así también desde la hipótesis de un cierto desarrollo de las tecnologías y de los lenguajes, sin embargo creemos necesario la inclusión de la dimensión de análisis que lo invista de la capacidad de producir sentidos y ser producto a la vez, de las significaciones ancladas en un imaginario social. La intervención de este nuevo marco analítico permitirá entender que la producción de sentido del diseño excede el contenido referencial de los enunciados con los que trabaja, instituyendo nuevas competencias visuales, creando distintas opciones estilísticas, asociándose con modos tecnológicos, vinculándose o distanciándose de un modo particular de producción y consumo, entre otros.

Desde aquí, tratar al diseño como un emergente de una sociedad en particular, analizarlo como una práctica significante, nos posibilita comprender no sólo el protagonismo que ha adquirido en los últimos cincuenta años, sino y centralmente el modo en que han cambiado sus objetivos, sus estrategias, su *modus operandi*, al ritmo del cambio social y cultural. Sostener entonces que el diseño se encontró y se encuentra inscripto dentro de diversas tramas culturales –que fueron y son particulares– más que una declaración de principios, acontece como un marco de análisis.[15] Este tipo de afirmacio-

---

nes competen al "hacer" actual del mismo y, en rigor de verdad, muy pocas veces se han problematizado.[16] Nuestro problema entonces, se ubica en el acceso a "ese *plus* de sentido" del diseño y a las múltiples transformaciones que ha registrado. Las mismas dan cuenta del sensible vínculo que mantuvo con los cambios en la dimensión social y cultural de nuestra sociedad. Para ello hemos tomado como *corpus* de análisis los discursos que hablan del mismo, su función, su historia, sus metas, objetivos, entre tantas otras cuestiones. Lo que a continuación presentamos es el desarrollo de dicho trabajo: el análisis de los discursos del diseño.[17]

1. Los discursos del diseño. Un análisis posible

Todo parece indicar que en el campo de los procedimientos del diseño las coincidencias sobre necesidades y métodos no abundan. Esta afirmación, sin embargo es la que suscita mayor consenso. Efectivamente el campo del diseñar se encuentra tan cruzado de debates y de criterios que es bastante difícil trazar el contorno de "lo analizable".

En este caso, se toman justamente estos debates, estos discursos que, analizados desde la perspectiva de la enunciación (Benveniste, 1974) ofrecen nuevos campos para interpretar qué cosas están sucediendo en un horizonte disciplinario que aún no ha trazado sus fronteras.

---

[16] Precisamente, a partir de esta inquietud –entre otras– es que iniciamos el trabajo de investigación enmarcado en los proyectos UBACyT anteriormente citados. En una primera instancia, el objetivo principal fue el de estudiar el modo en que ciertos aspectos del diseño contribuían a configurar diversos patrones de agrupamiento y segregación en la población juvenil de la ciudad de Buenos Aires. Específicamente, se analizó la manera en que la apropiación de estilemas, estilos y tendencias del campo visual intervenían en los modos identificatorios de los jóvenes. Para ello se hizo necesario abarcar el campo del Diseño Gráfico. La elección de la carrera en la UBA como objeto de análisis se correspondía con los datos empíricos que la señalaban como una de las preferencias vocacionales dentro del estudiantado universitario. Posteriormente se investigó la configuración del campo del diseño más allá de los límites académicos, deteniéndonos particularmente en las muestras, bienales y exposiciones desarrolladas en los "espacios culturales" de Buenos Aires.

[17] Quisiéramos aclarar que por diseño nos referimos específicamente al Diseño Gráfico (DG). Cuando estemos mencionando al diseño como la disciplina fundante del paradigma proyectual, haremos explícita su mención. Por otra parte, cabe aclarar que si bien el DG posee cierta filiación con el resto de los diseños, contiene un sinnúmero de particularidades, que dificultan una inscripción sin reparos en el mundo proyectual. Esta afirmación será desarrollada en el transcurso del artículo.

Detrás de la necesidad y la urgencia por encontrar una denominación y una particularidad teórica en el Diseño Gráfico, se equiparan un sinnúmero de actividades que presentan una aparente falta de unidad fáctica. Esta situación se hace más compleja a partir del ingreso de las nuevas tecnologías, haciendo peligrar el estatuto del diseñador. En el panorama descripto, que alude a una multiplicidad de voces sentenciando y prescribiendo lo que pertenece al campo y lo que queda por afuera, se hallan una diversidad de metáforas que remiten a concepciones provenientes de distintas perspectivas teóricas.

A los efectos de nuestro trabajo, la aparente falta de identidad de esta práctica no es tomada como tal. En la medida en que lo que aquí se analizan son los discursos sobre la actividad del diseño y no la actividad en sí, lo central es detenerse justamente en la reiteración de algo que se presenta como un problema del campo de estudio. Desde este lugar teórico y metodológico, existe una unidad en el recorte del objeto de investigación que reside justamente en "tomar todo aquello que se entiende por diseño" y trabajar el vasto terreno de dispersión, diseminación y contaminación de los significados. El procedimiento, similar en algunos aspectos al propuesto por Michel Foucault (1987), busca alejarse de una concepción simplista del método de investigación. No se trata ya de analizar qué se dice, ni de encontrar las definiciones más correctas sobre el DG, sino por el contrario, de estudiar el modo en que los dispositivos de enunciación construyen un campo disciplinario y profesional, dando coherencia y unidad a los elementos que aparecen vinculados a través de la "puesta en sentido" discursiva. Para ello es necesario, en primera instancia, partir de una de las afirmaciones más radicales de Foucault: la no existencia de la significación de un objeto, una acción o una práctica social más allá del discurso sobre el/la mismo/a.

Al no haber un "más acá" de la enunciación, al no existir separadamente "las palabras y las cosas", el trabajo de investigación busca entender en un momento dado la constitución de un campo[18] recuperando las voces que allí

---

[18] El concepto de "campo" remite principalmente a los trabajos de Pierre Bourdieu (1993). En contraposición al concepto de sociedad, se entiende a lo social constituido a partir de la existencia de "campos". Son éstos ámbitos diferenciados en la vida social que funcionan con arreglo a valores y normas propias, y ostentan, además, modos de legitimación y conflictos específicos –definidos por el tipo de capital en juego, agentes que intervienen en la dinámica y el grado de autonomía o heteronomía en relación a otro tipo de campos.

intervienen, los sentidos y metáforas que le dan forma. Los cambios de significación, el ingreso de nuevos actores y palabras autorizadas, posibilitan comprender el campo disciplinar en cuestión y a partir de allí, construir el objeto de análisis "diseño", es decir analizar la relación que vincula discursivamente diversos términos y conceptos –que, dicho sea de paso, no poseen ninguna conexión real o empírica fuera de la instancia de la enunciación–, su puesta en sentido. Se trata en definitiva de interpretar la particularidad de estas conexiones, como también de comprender las inferencias que se desprenden de las mismas; en otras palabras el "cómo" y el "por qué" histórico y cultural de los presupuestos básicos del diseño.

Tal perspectiva permite abordar el "campo de dispersión del diseño" y desde allí trabajar con los discursos de sus actores, entendiendo que no se trata de un rastreo genealógico[19] de los términos usados –"proyecto", "concepto", "resolución", "comunicación visual"–, sino de un trabajo arqueológico con el discurso, es decir, por qué se asocia "concepto" con "traducción", "funcionalidad" con "democratización en los usos", para citar sólo algunos ejemplos.[20]

En los párrafos que siguen daremos cuenta de dicha "puesta en sentido" al analizar, como caso paradigmático, las distintas historias que explican el surgimiento del diseño. Veremos así de qué manera diversos contextos de emergencia atribuidos al DG, organizan, clasifican y jerarquizan los elementos, los juicios estéticos y las categorías que se le atribuyen. Desde aquí, la disputa entre las hipotéticas ubicaciones del origen del DG, buscan –como todo relato fundacional– legitimar una versión particular de la profesión, constituyéndose de esta manera en un criterio unívoco y verdadero.[21]

---

[19] La distinción entre genealogía y arqueología fue desarrollada por Foucault para distinguir los procedimientos clásicos de una historia global, que de alguna manera reforzaba la ficción de lo verídico y de la fuente. El método "arqueológico" es una apuesta por la no convalidación de una "verdad", "objetividad" o núcleo constitutivo de un campo disciplinario. Desde aquí, las disciplinas se construyen sobre un sustrato discursivo que es producto de las tensiones, fuerzas, actores e instituciones que ejercen el poder de "poder nombrar", y que son producto a su vez de relaciones históricas, la cristalización del dominio de un paradigma o campo epistémico –garante a su vez de la verdad, de la validez en los métodos de análisis y del sentido común.

[20] Dentro del campo del discurso sobre el diseño se tomaron las voces que responden a las distintas posiciones sociales, institucionales y académicas que allí se juegan: profesores, diseñadores exitosos, alumnos, autoridades, instituciones y textos. No se trata únicamente de recalcar la pluralidad de actores, sino también de las concepciones del diseño involucradas y de las diversas modalidades de trabajo proyectual.

[21] La autoridad que una versión disciplinaria puede arrogarse acerca del patrimonio de lo "verdadero y lo falso" constituye, sin dudas, un indicador no sólo de su potencia explicativa, sino funda-

2. Las historias del diseño

Varios son los debates y los fantasmas que pueblan los poco delimitados contornos del diseño. Efectivamente, el material aquí analizado se caracteriza por plantear idénticas problemáticas y trazar el rumbo de la solución o el contorno de su abordaje de maneras diametralmente opuestas. En una revista especializada podemos llegar a encontrar voces de actores sumamente importantes que plantean, justamente, la falta de certidumbre sobre su práctica.

Es que necesariamente todo lo subsistente detrás de la reflexión sobre una actividad cuyo principal objetivo es la materialización –de un objeto o de una pieza– apunta a perfilar un lugar desde dónde se está hablando, una experiencia puesta en juego y una concepción del diseño que no siempre es explícita. Sobre este aspecto invisible, sobre la obturación o la apertura, sobre el cuestionamiento y el descubrimiento se desgranan las siguientes reflexiones.

2.1. La problemática del origen

Trazar un principio constituye una suerte de manifiesto de fe para toda disciplina, mucho más en el caso de aquellas que se auto inscriben en el espacio de lo empírico y de lo científico. La ausencia de un pasado puede ser vivida como falta de una identidad, de una tradición desde donde poder legitimarse. Se podría incluso afirmar que en función del origen reconocido es factible trazar un perfil profesional. No es un simple juego semántico, entonces, sostener que diseñar es una capacidad humana innata, una práctica social histórica o, simplemente, una emergencia de la sociedad industrial y de la economía de mercado. En cada uno de estos puntos de partida preexiste

---

mentalmente de la obtención de un consenso que la admite como válida. En la actualidad podemos afirmar que la idea misma de "eficacia" –derivada del *management* y fundamentalmente del imperativo de economía de recursos sobre la información en materia informática– transportada al terreno de lo gráfico constituye un caso paradigmático de "gendarmería conceptual" (Foucault, 1987). A partir de lo "eficaz o no eficaz" se puede evaluar la correcta ejecución de los saberes y prácticas del diseño, derivación que supone en última instancia el ejercicio de un juicio que discrimine a su vez, lo que está "bien o mal diseñado". Así la eficacia se torna en criterio válido en la actualidad para saber si, entre otras cosas, estamos "hablando de diseño" o de "arte".

un abanico de cualidades sobre la práctica y sobre el mundo de los diseñadores que definen el ámbito interno de las posibilidades del "hacer" y todo aquello que queda desplazado y por fuera de este eje, es decir, todo aquello que no es comprendido en el término "diseño". La tradición juega aquí observando cada realización, prescribiendo las necesidades, denunciando las traiciones y postulando las utopías.

2. 1. 1. ¿Un origen prehistórico?

La mayoría de los manuales de historia del Diseño Gráfico quedarían incluidos dentro de aquellas corrientes que trazan una serie de etapas evolutivas del diseño, comenzando por la pintura rupestre, las primeras manifestaciones de usos comunicativos de las imágenes, y el desarrollo de diversos y más complejos sistemas y tecnologías de la comunicación visual. Aunque no se hable del diseño *strictu sensu*, se descuenta que el mismo surge a partir de la "necesidad humana de comunicación visual". Ahora bien, ¿es posible sostener que diversas prácticas milenarias –como las inscripciones de Altamira– fuesen prácticas de diseño? ¿Puede insinuarse la presencia del diseño en el pasaje del hombre a la cultura? Evidentemente la historia de las imágenes constituye un capítulo central de la historia de la humanidad, pero ¿puede utilizarse el término "diseño" para explicar la particularidad de dichas piezas? ¿Es factible analizarlas y subsumirlas en una categorización netamente moderna como es el concepto de *design*?

Sin lugar a dudas, la postulación de un origen milenario para una disciplina es tentador, pero encierra un enorme y ya clásico peligro: la proyección de categorías sociohistóricas propias de nuestro particular presente hacia un pasado que presentó otro tipo de características. Miles de años atrás, no sólo el diseño no existía como tal sino que la comunicación no era comprendida en los términos en los que hoy se la entiende.[22] Parece forzado entonces hilvanar sucesos cualitativamente diferenciales bajo la rúbrica de "comunica-

---

[22] Al respecto me remito al "Índice de contenido" de la historia del Diseño Gráfico, escrita por Philip Meggs (1991) como un ejemplo emblemático. Dentro de ella encontramos la siguiente clasificación borgeana."Prólogo: La evolución de la comunicación gráfica desde los tiempos prehistóricos hasta la invención de la tipografía movible. Cap. 1. Comunicación visual en la prehistoria. Cap. 2. Comunicación gráfica en el antiguo Egipto. Cap. 3. La contribución china."

ción visual", pues la lectura de los mismos hace que pierdan su especificidad histórica. Efectivamente, uno de los principales obstáculos subyacentes reside tanto en abonar una hipótesis universalista y metahistórica del funcionamiento de lo propiamente gráfico, como en olvidar la riqueza que posee la dimensión particular del mismo –que habilita el análisis sobre el surgimiento y el *modus operandi* del diseño en determinados contextos.

Llevado al extremo, la comodidad de una afirmación universal como las de este tipo establece una suerte de *continuum* en la serie evolutiva de los desarrollos gráficos que difícilmente podamos hallar en la realidad. En este gesto se homologan, en tanto puntos de inflexión en el crecimiento disciplinario, a la pintura rupestre, el ideograma chino, la imprenta, la televisión y la web (con sus consabidas determinaciones epocales).

En síntesis, comprender la presencia del Diseño Gráfico inscripto en la historia universal de la humanidad, supone varios aspectos susceptibles de crítica. En la medida en que sostiene una suerte de "esencia" de la práctica de la comunicación visual, separa el pensamiento de la praxis, e imposibilita entender las modificaciones operadas tanto a nivel de los objetos producidos, como centralmente aquellas que afectan a los sujetos productores. El discurso biologicista, como lo denomina Alejandro Lo Celso (1994), peca por reducir a un todo atemporal las determinaciones que en este caso se pueden producir por la instauración de un imaginario, por las modificaciones de los sujetos mismos y por una versión instrumental de lo que se entiende por herramientas y capacidades –donde entrarían, sin aproximación posible a nivel de sentidos sociales, tanto la imprenta como la computación.

2. 1. 2. El origen moderno

El segundo origen trazado apunta por el contrario, a circunscribir a la disciplina del diseño genéricamente y a sus emergentes en particular –Arquitectura, Diseño Gráfico, Diseño Industrial–, dentro de los "proyectos modernos". Un término muy vasto que refiere a la gran cantidad de transformaciones sociales, políticas, económicas, poblacionales y culturales originadas por la revolución técnica y política en Europa a partir del siglo XVIII. En aquel horizonte, el desarrollo de la ciencia positiva, la producción industrial, la colonización de "territorios salvajes", la concentración de la población en las

ciudades, inauguraron la era de los grandes descubrimientos, la planificación, la institución de una posibilidad como cierta dentro de los parámetros
del *progreso* humano. Comprender entonces, la aparición del diseño vincu-
lada a dicha localización, permite entenderlo como práctica emergente y
constitutiva de un determinado y específico imaginario social.

Desapegado de la tradición que veía en la arquitectura y en el arte una
suerte de evolución histórica de la cultura, el diseño regido por parámetros
modernos tomó como referente la modalidad de acción de una ciencia o una
técnica, en el sentido en que, si bien podía trabajar sobre los mismos objetos
con los que operaba la arquitectura tradicional, fue otra la lógica puesta en
juego. Se trató, según John Christopher Jones (1987) de "un acto de fe".

En este sentido, la apertura de todo proyecto moderno supuso entonces
la institución de una determinada configuración de lo social, el cuestionamiento de la práctica y de su transferencia, como asimismo de la función social que la subyace. La pregunta, en aquel contexto, por la utilidad, por la
funcionalidad, fue inseparable de las consecuencias visibles tanto en los hábitos y costumbres como en la ideología y las utopías sociales. Dentro del
imaginario moderno, *diseñar es modificar las condiciones de vida.*

En los términos de una historia moderna del diseño, el siglo XIX es fundamental ya que por primera vez surge la crítica al ornamentalismo de las
"artes aplicadas". Evidentemente, en el contexto hegemónico de la producción industrial, la supervivencia del modelo estético correspondiente al trabajo
artesanal devenía un anacronismo. Aquellas formas que eran "adicionadas" al
producto, no sólo ocultaban el modo en el que habían sido confeccionados,
sino que imponían estilemas propios del virtuosismo del artesano –la singularidad de la pieza, la proliferación de formas aditivas como sinónimo del talento del productor y del valor del trabajo– negando la aparición de otro tipo
de valores acordes al modelo industrial. Desde aquí, la crítica cuestionó un
modo de trabajo que al adicionar elementos estrictamente estéticos ocultaba
la confección técnica de los objetos, pues la misma, en vez de acontecer como
un límite formal, abría numerosas posibilidades. En este sentido, se postuló
la necesidad de un nuevo tratamiento sobre los objetos que permitiese lograr
una armonía entre el modo de producción y su valoración social. Surge así el
término "*design*" como un concepto específico, que alude tanto al proyecto
de refundación del canon productivo, estético y utilitario de los objetos creados por y para el hombre, como a la revisión y revalorización de la función so-

cial y económica de la tecnología. El reconocimiento de su importancia, marcada entre otras cosas por su expansión hacia el mundo fabril y hacia la vida pública de las ciudades, generó nuevas asociaciones que permitieron la construcción de un nuevo campo de referencias temáticas –que perviven hasta el presente.

Llegados a este punto debemos hacer una aclaración. Efectivamente, más que rescatar los elementos constitutivos del diseño comprendiéndolos como "verdades disciplinarias", nos encontramos analizando los contextos particulares de su puesta en sentido. Desde aquí, y volviendo sobre el punto que tratamos, el discurso moderno del diseño asumió como propio un horizonte ideológico específico al vincularse a la Modernidad, la conciencia crítica y la utopía tecnológica progresista. Particularmente, el movimiento de crítica que se desarrolló a partir del trabajo en los Talleres de Artes y Oficios a fin del siglo XIX, y que culminó con la clausura de la Escuela Bauhaus en 1933, dio cuenta de las múltiples filiaciones teóricas y estéticas vinculadas con los modernismos. Pero aún detrás de la evidente diversidad –cuya prueba más contundente la ofrece la misma Bauhaus al retomar los antecedentes del diseño nórdico, de la vanguardia expresionista alemana y del constructivismo ruso– una inquietud surgía recurrentemente: la restitución de un diagrama igualitario de derecho al acceso, al consumo, a la opinión, claves de la obtención de una real libertad.

En aquel panorama el surgimiento del concepto de *función* –del producto– fue la resultante de un debate profundo sobre la transformación de los cánones estéticos, íntimamente vinculados al tratamiento de las formas. En un sentido estricto, la herencia bauhausiana al día de hoy, permite comprender el desempeño del diseño como campo disciplinario, en la medida en que construye nuevas leyes integrales sobre la producción de los objetos materiales. Desde aquí, los parámetros que instituyen la subordinación del valor estético a la función del objeto o del producto, vigentes centralmente en las teorías de la "buena forma", aún planteándose como criterio constitutivo del diseño, funcionan más bien en tanto referentes históricos. A partir de esta puesta en contexto de los términos, la clásica ecuación forma=función excede una lectura estrictamente morfológica, para remitir a la sociedad europea de entre-guerras y a la hipótesis que seguía inquietando el imaginario moderno revolucionario: la superación del reino de la necesidad y la instauración del reinado de la libertad. Respondiendo a dicho planteo, la búsqueda de una forma que respondiese a la función generó productos igualitarios tanto en términos económicos –su bajo costo y calidad– como estéticos –la ausencia de una inscripción estilística que remitiera al "gusto" o al estilo de vida de un particular grupo social. En definitiva, la utopía social se construía en el mundo de las formas a través del rol paradigmático que se asignaba al diseño, logrando la liberación del hombre de sus necesidades materiales, al formular objetos igualmente accesibles. En rigor de verdad, pocas veces en la historia el término "igualdad" obtuvo una valencia tan extensa, incluyendo indicadores de uso, calidad, acceso, oportunidad, educación, y vivienda.

El protagonismo que obtuvo posteriormente hizo de esta comprensión de la disciplina un modelo hegemónico del diseño a partir de los años '50, generando una serie de problemas que aún no se han resuelto, especialmente respecto de los indicadores que dan validez y que explican la dinámica del campo disciplinario. En otras palabras, aunque el *funcionalismo* perviva actualmente como referencia ineludible, parece encerrar una paradoja: la de retomar acríticamente un concepto nacido en la década del '30, sin detenerse en sus condiciones de emergencia y en los límites que las mismas presentaron. Por otra parte, no ya desde la solidez de un posicionamiento teórico como el de Tomás Maldonado, sino en los usos corrientes del término *función*, existe la tendencia a su equiparación con la idea misma de "utilidad", lo cual introduce una serie de matices complejos que se manifiestan en la dificultad por determinar el grado de utilidad de las piezas de diseño. El caso es claro al momento de introducir aspectos que exceden el plano estrictamente material y práctico: la pulsión y el deseo, el impulso a la compra, las identificaciones, en definitiva, todo lo que caracteriza hegemónicamente la compulsión al consumo.

La necesidad de volver desde una perspectiva crítica al sitio que se reconoce como fundante, constituye actualmente una asignatura pendiente. Desde aquí, podemos rever los términos históricos que dieron origen al *funcionalismo*, como también los presupuestos y objetivos que delinearon –en tanto planteo moderno– la teoría y la metodología del diseño. Este trabajo nos permitirá dar cuenta de la transformación semántica y del nuevo campo de referencias que aparecen articulados en los usos del concepto *función*.

Finalmente, antes de abordar esta problemática –que trabajaremos especialmente en relación al desempeño del DG en nuestro país–, resulta conveniente una aclaración previa. Efectivamente, debemos recordar que, tanto la vertiente funcionalista/formalista (Walter Gropius) –con la consabida exigencia de que el producto respondiera en sus aspectos formales a su función–, como asimismo el funcionalismo–productivista (Hannes Meyer) –que impulsaba la producción y por ende el diseño, hacia lo que era diagnosticado como una necesidad social– buscaron eliminar toda cuota de expresionismo y de subjetivismo asociado a la tarea del diseñar (Maldonado, 1993). Este tipo de conceptualización evidenció un acuerdo tácito: el supuesto constitutivo del proceso de diseño era *una disposición racional hacia el mundo*. Racionalidad que remitía finalmente a la planificación, garante de un posicionamiento responsable y reflexivo sobre la intervención humana en el circuito vital de la producción y el consumo.

Sin embargo, a pesar del evidente sesgo industrial y masivo de dicho programa, su ejecución no fue posible hasta los años '50 en la Europa del *Plan Marshall* –es decir en el contexto de emergencia de un nuevo proyecto político, económico y social para el viejo continente que instrumentó la recuperación y reconversión de la esfera productiva bajo la hegemonía del productivismo norteamericano. Sobre este punto y sobre el desarrollo de una concepción del diseño en la Argentina que subraya la asociación entre planificación y eficacia, volveremos más adelante.

2. 1. 3. El desvío posindustrial

Finalmente, el tercer orden del diseño obedece más a lo que es vivido como una "mutación" de la Modernidad, que a una nueva fundación de la disciplina. A partir del giro operado en la segunda mitad de este siglo, se sitúa el panorama de las posibilidades de acción del Diseño Gráfico en estrecho vínculo con las modificaciones del mercado.

Entender las transformaciones en la sociedad de consumo, el papel del Estado, el surgimiento de monopolios industriales y comunicacionales, el desarrollo vertiginoso de tecnologías que operan sobre la percepción y la representación visual, dibuja un panorama de acción que ya no responde a los cánones de la necesidad y la utilidad.[23] Al subvertirse la lógica de la

---

[23] Este tipo de ejercicios del diseño no es nuevo. Ya en los años '20 surgió una corriente –denominada *Styling*– que enfatizaba los aspectos estilísticos de una pieza, opacando los índices de utilidad

oferta y la demanda, la función de diseño se circunscribe a una especie de sombra, a la manera del fantasma de Marx, de la nueva modalidad de acceso a las mercancías: la seducción, el placer, la creación de demanda y de sujetos demandantes.

Acusado de ornamentalista y frívolo, de esteticista y posmoderno, este paradigma del diseño es uno de los más detractados y al mismo tiempo una de las "vidrieras" más eficaces para su promoción como actividad. Carente de utopías y acusado como supuesto mercenario, la lógica de la actividad planteada en estos términos debe ir, sin embargo, más allá de una crítica formal en la medida en que se inserta en una formación sociocultural específica y adquiere legitimidad en función de la misma. Nos referimos a aquello que usualmente se entiende como "modernismo tardío" (Debray, 1995). Efectivamente, la actual validez de este modo de hacer y pensar el diseño se encuentra íntimamente vinculado a una sociedad que encuentra en el patrón estético nuevas formas de distinción social, como también de construcción de identidades culturales. En este sentido, ya en los años '90 una serie de investigaciones llevadas a cabo en la Universidad de Buenos Aires (UBA) habían demostrado la presencia creciente de nuevos modos de evaluación, agrupamiento e identificación en la población juvenil de la ciudad de Buenos Aires. Desde aquí, se puede entrever la presencia hegemónica de un paradigma visual que determina diferencias, distinciones, agrupamientos y segregaciones en determinadas áreas sociales, lo cual llevaría a pensar que no sólo se diseñan objetos, sino que incluso el trabajo del diseño incluye el plano de la subjetividad –como lo muestra el capítulo de Sabsay–, permitiendo pensar la construcción y la proyección de la imagen de sí mismo, tal el caso de las nuevas "subculturas" juveniles (Urresti, 2008) una de cuyas marcas

---

y la funcionalidad de su forma en relación a su uso. El ejemplo analizado por Tomás Maldonado al contraponer el modelo fordista de producción –quizás un modelo clásico en los orígenes del funcionalismo– a la línea de diseño de General Motors –empresa que buscaba cambiar el modelo año a año para incrementar las ventas– es por demás ejemplar. Sin embargo creemos forzado analizar los crecientes "desvíos" del diseño, como el simple triunfo del *Styling*. Desde nuestra perspectiva, el fenómeno es más amplio, e incluye la actual hegemonía de los usos de diversos estilos dentro del diseño. Esta suerte de manierismo de la forma, que incluso ataca a las formas mismas –tipografías ilegibles, productos indescifrables, etcétera.- se inscribe no sólo en las actuales transformaciones que produce la cercanía y la cotidianeidad de todo tipo de superficies visibles, sino que en tanto diseño no deja de estar relacionada con un nuevo tipo de producción mercantil y con un modo particular de circulación de la información y realización –y circulación– de la mercancía, y con el creciente *merchandising* del deseo.

distintivas –a diferencia de las anteriores– pasa por una visibilidad articulada tanto al espacio público como al ciberespacio ("floggers", "emos", "cumbieros", "góticos").

Respecto del campo del diseño *strictu sensu*, reconocer la existencia de juicios estéticos operados desde el sentido común, no implicaría entonces la recuperación valorativa del *styling*[24] en tanto versión antitética del diseño funcionalista, como tampoco se trataría del caso de un abuso de terminología disciplinaria en manos inexpertas. En la medida en que en la actualidad pocas esferas escapan a las sentencias estéticas, es necesario entenderlas como partes integrantes de una nueva clase de lógica a través de la cual opera una relación social.

Los detractores del gusto, aquellos que piensan el diseño desde una concepción moderna, se obstinan en acusar de "mala praxis" a quienes trabajan desde "la cosmetología y el decorativismo" como si en definitiva esta modalidad no tuviera campo de acción y éxitos probados. Desde el lugar crítico, muchas veces se entiende que evaluar al diseño en términos de "lindo o feo" es un indicador de ignorancia, una muestra de la falta de competencia proyectual y comunicacional. Sin embargo muchos de los actores que así lo enuncian y que a su vez afirman la necesidad de obtener cierta eficacia olvidan que lo bello[25] es muy eficaz. No se trata de defender aquí una nueva posición para entender el diseño, sino de comprender el tipo de lógica que allí opera, pues ésta escapa a lo meramente disciplinario y se perfila como constitutiva de un imaginario social, una suerte de nuevo *plus* valor de la mercancía que no agota su realización en la compra sino en la "expectativa de ser a través de ella" (Adorno y Horkheimer, 1980; Baudrillard, 1991). De la misma manera en que no podemos sostener que la concepción científica sea propia de la ciencia, sino que lo es de toda una época; el valor simbólico de la belleza que en su momento fue exclusivamente patrimonio artístico, se dispersó y transfiguró borrando sus contornos y espacios pretéritos. Las cuestiones es-

---

[24] El *styling* –sinónimo de la diversificación de productos y del triunfo de la novedad y del embellecimiento– deviene en antítesis no sólo del modelo de "calidad fordista", sino principalmente de aquella corriente del diseño que buscaba la explicitación de la ecuación "forma/función", desarrollada particularmente en el segundo período teórico de Bauhaus –más particularmente a partir de la influencia conceptual que ejerciera Theo Van Doesburg.

[25] No se toma aquí el peso histórico y filosófico de la categoría "bello", sino su uso corriente: el más puro de los sentidos comunes, en la medida en que permite trazar "el estado de un imaginario social".

téticas son del orden de lo público, poseen sus propias sentencias y se transforman en herramientas de evaluación, constituyéndose, en definitiva, como emergentes de referencia social. Las diversas modalidades de comprensión y de evaluación del diseño que hemos esbozado, se hacen manifiestas en nuestro contexto, lo cual nos impulsa a realizar un breve análisis de las características locales del campo del DG, particularmente en la Universidad de Buenos Aires (UBA).

3. El Diseño Gráfico en la UBA: historia y actualidad

En 1985 se creó la carrera de Diseño Gráfico en la Facultad de Arquitectura y Urbanismo de la UBA, coincidentemente con la apertura democrática en el país y con la consecuente movilización de una multiplicidad de actores sociales, culturales y políticos. Al silencio vivido en los años de la dictadura militar le sucedió el inicio de las actividades universitarias que reconocieron como modelo deseado la dinámica que desarrolló la UBA en la década del '60, lo cual supuso centralmente la recuperación de la gestión autónoma de la Universidad y de las diversas Facultades.

Sin embargo, detrás de este objetivo –necesario garante del desarrollo de un conocimiento que fuese independiente de los intereses particulares– quedaba aún pendiente la pregunta por la transferencia social del saber universitario.[26] Al amparo de la recuperación de la democracia, la vida universitaria, sobre todo en carreras humanísticas y de ciencias sociales, se articuló en función del tipo de demandas y necesidades que se percibían en el campo social y de las políticas públicas. El DG, como carrera nueva, no quedó fuera de esta clase de propósitos, por el contrario fue un actor institucional protagónico en los mismos. Los vínculos que se iniciaron con la –por entonces– Municipalidad de la Ciudad de Buenos Aires, diversas organizaciones sociales del

---

[26] La deuda del mundo universitario seguía, y sigue siendo aún su articulación con la sociedad. En este sentido, los intentos por "abrir la universidad al pueblo" o por hacer coincidir las necesidades científicas y tecnológicas con los imperativos sociales, fracasaron. Este tipo de discursos, propios en nuestro contexto de la primera mitad de los años '70, mostraron en todo caso la difícil sintonía que subsiste en una relación no mediada entre la política académica y la política social. Asimismo, dejaron como saldo la necesaria revisión sobre el determinismo que pesa en este tipo de ecuaciones: la política académica subordinada a la política social.

denominado "tercer sector", como así también los concursos para afiches públicos no fueron simples ejemplos –uno entre tantos otros– del trabajo posible del DG, por el contrario indicaban qué áreas sociales se priorizaban, mostraban la decisión política de estrechar el diálogo con organizaciones que representaban "lo público", como así también la incorporación de los jóvenes como un sector privilegiado, tanto en la producción como en el consumo del DG. Espacios públicos, educación, salud, vivienda, política, demandas sociales, Universidad, etcétera, constituyeron las áreas centrales del trabajo del DG.

Durante este mismo período surge, en principio como una temática a desarrollar, una definición del Diseño Gráfico que luego sería hegemónica: aquélla que lo ubica en el cruce entre lo proyectual y lo comunicacional. En términos generales, se entiende como *proyectual* la característica central en los diversos modos de hacer diseño. Dicho neologismo, elaborado por Tomás Maldonado a principios de los años '70, indica la presencia de un "tronco en común" en disciplinas que no pueden adscribir sin más al paradigma científico, como tampoco a una valoración estrictamente estética. En este sentido, es un modo de concebir la intervención humana sobre un medio ambiente con una clara conciencia humanística y social. Al ser un *corpus* teórico/práctico de corte racionalista, presupone la actividad de la planificación como constitutiva del mismo, valiéndose de las herramientas y saberes específicos que provienen de la ciencia y de la técnica. En otros términos, y yendo al caso que nos ocupa, si el cuerpo general de ideas del DG responde a su "vocación de proyecto" –aunque en los inicios de la carrera no fuese desarrollado en una forma clara–, el objetivo más específico quedó circunscripto a la "comunicación visual", verdadero motor del área gráfica. De esta manera al DG se le asignó un objetivo prioritario: la creación de "mensajes visuales".

La inclusión de la actividad gráfica dentro del mundo de la comunicación puede ser leída de diversas formas. Por un lado constituyó el gesto último de un acuerdo disciplinario que, siguiendo las tendencias internacionales, puso al día la necesidad de una definición específica para una tarea que en nuestro país era considerada –y en algunos casos, lamentablemente, sigue siéndolo– como una especialización particular del dibujo y la ilustración. Asimismo renovó una separación que fue vista como necesaria: el divorcio entre diseño y arte. De esta manera se actualizó la "historicidad" del diseño en nuestro medio, recordando los ya clásicos enfrentamientos que caracterizaron al mismo en el siglo XX –comenzando con la recusación respecto del subjetivismo y el expresionismo formulada en el seno mismo de la Bauhaus.

Por otro lado, la remisión a la esfera comunicacional saldó la deuda que las disciplinas proyectuales tenían en relación al mundo gráfico. Así, si lo específico del Diseño Industrial era la ideación, proyectación y ejecución de objetos producidos industrialmente y consumidos masivamente, para el Diseño Gráfico quedó habilitado el campo de la producción de mensajes visuales.[27] Sin embargo, en la resolución del problema de la "especificidad disciplinaria" surgió un nuevo inconveniente.[28]

El núcleo del problema que estamos anticipando se ubica justamente en la inclusión del término "comunicación" en correspondencia con el mandato de lo proyectual. Más específicamente, se trata de la incorporación de un paradigma comunicacional que pareciera presentarse como único y universal. Efectivamente, el traspaso del modelo Emisor/Mensaje/Receptor –del que se ha demostrado su anacronismo en términos generales– sin una instancia crítica y una debida actualización que lo ponga en crisis al enfrentarse con otro tipo de paradigmas de la comunicación –la teoría de la enunciación, el dialogismo y la teoría de los géneros discursivos de Bajtín, la deconstrucción derrideana, entre otros– puede constituirse en un indicador de su "uso y adecuación" a los problemas de la *proyectación*, cuyo costo más palpable es el olvido de la complejidad de los fenómenos comunicativos que caracterizan a nuestra época. Todo parece indicar que la teoría del Diseño Gráfico adoptó

---

[27] Según Tomás Maldonado (1993: 12), la característica del diseño, de la actividad de proyectar es "coordinar, integrar y articular todos aquellos factores que participan en el proceso constitutivo de la forma del producto". En la misma tónica, Jorge Frascara (1989: 19) define al Diseño Gráfico como "la acción de concebir, programar, proyectar y realizar comunicaciones visuales, producidas en general por medios industriales y destinadas a transmitir mensajes específicos a grupos determinados".

[28] Es necesario recordar el origen de la carrera de DG en la UBA. Al decidirse su creación, la opción fue ubicarla como un desprendimiento del territorio proyectual junto con Arquitectura. A pesar de que su particularidad consistía en el hecho de entramarse en el universo comunicacional, lejos se estuvo de incorporarla a la Facultad de Ciencias Sociales, en donde paralelamente se inauguraba la carrera de Comunicación Social. Tampoco se contempló, siguiendo la tendencia internacional, su inscripción como una especialidad dentro de las Escuelas de Arte o como carrera dictada dentro de un Politécnico. Consecuentemente, el DG fue bautizado dentro del campo y de la lógica de acción proyectual, dominadas por el modelo de enseñanza y de trabajo de la carrera de Arquitectura.

un esquema comunicativo acorde a la dinámica teórico–práctica de la proyectación, aunque el mismo haya sido anteriormente criticado en términos comunicacionales y semióticos.

Para dar cuenta de la rentabilidad que para los diseñadores posee la equiparación de lo proyectual en el DG con la comunicación, podemos detenernos en lo que tienen en común el área de lo proyectual y el *modelo cibernético* comunicativo y a partir de allí arriesgar una hipótesis: la mutua pertenencia a un horizonte explicativo racionalista e instrumental. A partir de esta hipótesis, podríamos afirmar que si bien la actividad planificadora ha sido exitosa en el campo del proyecto, en el de la comunicación arrojó bastantes fracasos.

Efectivamente, el *modelo cibernético* al restringir la acción comunicativa a la "transmisión de información", se limitó a dar cuenta de la utilización –correcta o incorrecta– de los códigos, garantes últimos de la producción de un mensaje. Esta utopía, que puede devenir en prescripción, generó una suerte de ficción cientificista al instituir como cierta la imagen de una comunicación planificada. Pero no debemos quedarnos en la mera crítica sino avanzar hacia las razones de semejante adopción, razones que hallaremos en el desarrollo de la disciplina, y en la consolidación de un espacio del saber acorde a su importancia.

Volviendo a la historia de la Carrera, los primeros intentos por desarrollar una versión disciplinaria autónoma estuvieron impregnados del sentido reivindicatorio de la democracia en relación al espacio público y a la recuperación del concepto de ciudadanía en términos genéricos. Así, los afiches abrieron el diálogo democrático entre el gobierno elegido por el pueblo y los ciudadanos.[29] Al amparo de este movimiento renace, con la esperanza que caracterizaba, entre otros, a todo espacio de la enseñanza y del saber, el imperativo de la transferencia del conocimiento, o del servicio profesional a la sociedad. En este marco, el diseño fue evaluado según su grado de adecuación y respuesta a las demandas sociales. Desde ya, que este modo interpretativo del hacer del diseño contó con las dificultades de cualquier disciplina que se articula en función de la substanciación de va-

---

[29] En la misma sintonía, la decisión de recuperar al actor "juventud" como integrante de la sociedad, se traducía en un sinnúmero de acontecimientos públicos fuertemente construidos desde el diseño de una imagen.

lores con los que debería comulgar. La dificultad fue, sin lugar a dudas, percibida y criticada, pues la voluntad en el ejercicio de una acción que es vista como correcta en términos sociales, no garantiza la excelencia en el trabajo profesional y disciplinario.

Es así como la idea de una "autonomía" de la acción del Diseño Gráfico emerge como necesaria. Autonomía que implicaba no sólo el nacimiento de criterios independientes de valoraciones políticas, sociales y estéticas, sino fundamentalmente el surgimiento de un saber que no apareciera como subsidiario de otros, aunque indefectiblemente debiera asignársele cierta filiación teórica. La misma se resolvió al remitir nuevamente y con mayor énfasis, al paradigma tradicional y fundante de la Facultad de Arquitectura y Urbanismo. En dicho marco "lo gráfico" apareció como un desprendimiento de la *acción de proyectar*, que hasta el momento se ocupaba –en el espacio académico de la arquitectura– de todo lo referido a las modalidades del habitar. Siendo éste el núcleo que articula y legitima las prácticas del diseño, la actividad comunicativa –característica del DG– fue analizada, a partir de aquel momento, como una de las tantas dimensiones que componen el espacio público, el *hábitat* y el ámbito urbano.

Al trazado de límites en las especificidades de las prácticas profesionales –lo propio en la actividad del arquitecto/a, o en el hacer del diseñador/a industrial y gráfico– le siguió el impulso de una refundación de los paradigmas teóricos de la disciplina que tratamos. De esta manera se renovó y trasladó el proyecto científico del diseño sobre el campo de lo gráfico.[30] Aún tratándose de una modalidad de entender al diseño, se presentó como la opción "más seria" en su conceptualización y materialización.[31] Su particularidad y fortaleza reside, al día de hoy, en evidenciarse con la objetividad demoledora de un Saber, generando en esta modalidad de "autoconstrución",

---

[30] Entendemos por proyecto científico del diseño la concepción que intenta objetivar, estableciendo criterios de validez y de confiabilidad –propios de la normativa científica– su actual *modus operandi*. En la medida en que –desde la perspectiva de este trabajo– entendemos que se trata de un modo "histórico", lo comprendemos como hegemónicamente válido en un particular momento (contexto). Es necesario aclarar que su adjetivación (científico) ha aparecido centralmente al momento de su divulgación y no ya en los *corpus* teóricos fundantes del DG. En este sentido, es sugerente volver sobre los trabajos pioneros de la teoría del diseño en general y del gráfico en particular: Maldonado (1993), Frascara (1989) y González Ruiz (1990).

[31] La cientificidad es vista aquí como la emergencia de una matriz de pensamiento objetiva, racional, que permite establecer criterios de validación y evaluación de los productos emergentes.

el silenciamiento de otro tipo de paradigmas cercanos a lo gráfico. Es decir, que de alguna manera encierra una trampa: en tanto proyecto totalizador, se transforma –según algunas voces, por cierto no en todas– en un patrón normativo de evaluación de pertinencias e incumbencias, al representar "el sentido mismo de la actividad del diseño" todo desajuste sufrirá el exilio hacia lo "mal diseñado" o lo "no diseñado". En la medida en que su legitimidad se asienta en lo específico de su trabajo, aparece inmune a cualquier tipo de preguntas y cuestionamientos "foráneos", es decir, a todos los juicios, valoraciones y discursos sobre el diseño que no son enunciados por los propios diseñadores.

Resulta interesante comprobar el giro operado en el discurso del DG a partir de la reafirmación de una genealogía proyectual. Esta vuelta sobre el paradigma fundante permitió establecer una serie de vínculos familiares entre el DG y el resto de los diseños, y habilitó la transcripción de definiciones y la determinación de objetivos acordes con los objetivos del *proyecto*. De esta forma, la concepción del diseño entendida como un campo autónomo, que fuera desarrollada por Tomás Maldonado para dar cuenta de lo específico del Diseño Industrial –su producción industrial, su consumo masivo, y el imperativo de la funcionalidad– se trasladó al territorio gráfico, sin un distanciamiento crítico necesario para evaluar su pertinencia, las posibilidades explicativas que ofrece en el campo comunicacional y sus posibles limitaciones en ese terreno.

A partir de este giro cientificista, la valoración del DG en nuestro medio universitario dejó de sustentarse en la posibilidad de esgrimir finalidades públicas y sociales, pues presentaba como peligro su posible confusión con la expresión de valores no acordes al cuerpo disciplinario. Así "lo serio", lo propio del diseño apuntó a la búsqueda de respuestas dentro de su mismo campo de acción, produciendo a nivel conceptual un desplazamiento importante: la evaluación buscó el despliegue de criterios propios, pertinentes a la hora de analizar la manera de resolver un determinado problema. Con lo cual se transformó en prioritario el trabajo sobre el aspecto formal de la producción: sus métodos, sus herramientas, las maneras en que se aplican los conocimientos provenientes de la Morfología, el Diseño, la Tipografía, etcétera.

4. Planificación y significación: dos paradigmas, dos universos

Desde el momento en que se piensa al Diseño Gráfico como una actividad científica, su validez coincidirá con los criterios de clasificación del paradigma dentro del cual se autoinscribe: los cánones teóricos del área proyectual.

Párrafos más arriba habíamos anticipado el problema que se presenta a partir de la incorporación del universo comunicacional en sintonía con el modo de acción y de conceptualización del paradigma proyectual. Efectivamente, si una de las características principales de este último es la posibilidad de lograr una planificación racional, la incorporación de un proyecto de ejecución de una determinada idea, y la eliminación tanto del azar como de la propia subjetividad en la conformación de un producto –un objeto producido industrialmente–, resulta dudosa la viabilidad de este modelo en el ámbito de la comunicación.

¿Es posible la supervivencia del paradigma proyectual en un terreno que se caracteriza normalmente por la imprevisibilidad, como es el caso de la esfera comunicacional? Fuera de las sentencias del *marketing* –cuya presencia reconocemos, aunque también presuponemos un cierto margen de autonomía en disciplinas que trabajan con el mercado pero que no deben, desde su nacimiento en el ámbito académico, depender estrictamente del mismo– ¿es posible planificar la comunicación, prever la recepción, y "ajustar" su característica principal que es precisamente el "desajuste"? (Arfuch, 1997) Y, en el caso de que fuera posible, ¿sería deseable una "lectura pautada" de la pieza de diseño, una motivación unívoca, un idéntico sentido para una diversidad de receptores?

No reparar en la complejidad de lo que se ha dado en llamar "semiosis social" (Verón, 1986), en los múltiples modos interpretativos que se ponen en juego en el ámbito de la recepción, y en la reciprocidad existente entre el entramado cultural y las diversas modalidades de la significación, han hecho que la adopción del modelo Emisor/Mensaje/Receptor resulte la más compatible con el área proyectual. Sin embargo su pertinencia para explicar los sucesos cotidianos de la comunicación, como así también la revolución permanente que imponen las nuevas tecnologías –interactividad mediante– parece bastante dudosa.

Creemos que las razones de semejante divorcio entre una manera de pensar la comunicación y las formas que la misma asume ordinariamente pueden encontrarse en el hecho de concebirla –en términos metafóricos– como una simple "circulación de información".[32] La crítica a este tipo de teorías subraya justamente la limitación que supone entender a los procesos de significación como subordinados al contenido explícito de los mensajes emitidos. El giro operado a partir del surgimiento de otros modos interpretativos como es la teoría de la enunciación, ya mencionada, deja entonces abierta la posibilidad de instituir una distancia entre "lo que se enuncia" y el acto de la enunciación, siendo este último la acción mediante la cual se efectúa la conversión individual de la lengua en discurso, acentuando la producción de sentido en un contexto/situación específica. El aporte visible que ofrece al campo del DG es significativo en la medida en que permite comprender la distancia cualitativa que separa la utilización de un código –lingüístico, visual, tipográfico, fotográfico, etcétera– en tanto herramienta, del discurso concebido como una acción social. Desde aquí una comprensión de la comunicación que la entienda como la correcta utilización de los códigos es restrictiva, pues en el plano de las unidades gramaticales –fonemas, morfemas, estilemas, tipos, escala cromática– nada puede decirse del sentido que asumen "los mensajes", la valoración de los mismos resulta neutral pues remiten a estructuras de tipo gramaticales o compositivas. Por el contrario, al analizar la enunciación y los diversos enunciados como acciones inscriptas en la dinámica sociocultural, comprendemos el proceso de producción social de sentido, donde el enunciado asume una entidad única y subjetiva, pero a la vez histórica, cultural y social.

El ingreso del paradigma referido en el mundo del diseño, puede presentar reparos, en parte legítimos, ya que toda mención a la subjetividad aparece en general como una remisión al arte. Así, la manera más consensuada de entender la diferencia entre diseño y arte postula que este último posee una fuerte subjetividad que imprime un sesgo expresivo dentro de una obra, y el

---

[32] Desde la perspectiva de Lakoff y Johnson (1986) las metáforas no son simples recursos retóricos, sino que fundamentalmente son constitutivas de ciertas matrices de pensamientos. De esta manera, no utilizamos metáforas, sino que pensamos metafóricamente. Uno de los ejemplos que los autores subrayan es, justamente, el vínculo metafórico que se establece entre el concepto de *comunicación* y el concepto de *canal*. Así *"Las ideas (o significados) son objetos. Las expresiones lingüísticas son recipientes. La comunicación consiste en un envío"*. Afirmando a continuación: "(…) ese aspecto de la metáfora del *canal* que se puede formular como: *las expresiones lingüísticas son recipientes para los significados,* supone que las palabras y los mensajes tienen significados en sí mismos, independientemente de cualquier contexto o hablante." (Lakoff y Johnson, 1986: 47)

diseño devendría el modelo antitético de dicha propuesta. La presencia del DG se reconocería cuando no impera la voluntad personal y expresiva del diseñador, sino cuando el mensaje está articulado en función de la demanda de un cliente, comitente, institución, etcétera.

Sin embargo, creemos errónea la concepción de una tipología binaria donde lo subjetivo es sinónimo de "artístico", autovaloración, particularidad y libertad, mientras que lo objetivo es el equivalente de la neutralidad, el diseño, el trabajo al servicio del mensaje, y la universalidad del código de representación visual. Al postular este tipo de contraposiciones olvidamos la manera en que lo subjetivo está entramado en lo social, olvidamos el modo en que se combinan en cada uno de nosotros los sistemas de representación y valoración sociales con nuestra propia experiencia de vida.

Entender las modalidades de acción y de significación del diseño desde la perspectiva cultural permite sortear el binarismo propuesto detrás de una opción "subjetiva u objetiva" de producción de mensajes. Dicha perspectiva cultural habilita la comprensión de la disciplina actuando dentro de la compleja trama de nuestras sociedades, en las cuales no somos del todo prisioneros de la voluntad informativa de los clientes, como tampoco tan libres como para recrear lenguajes que permitan expresar una pura subjetividad.[33]

La legitimidad del diseño articulada en función de las garantías que propone un trabajo objetivo –esto es: sin intervención de la "libre subjetividad" del profesional, o de una carga valorativa que se estima personal– cae en la trampa de toda opción binaria. Por otra parte, renueva la versión proyectual "fundamentalista" del Diseño Gráfico[34], olvidando su inscripción dentro de las formas significantes propias de una determinada sociedad –la producción de mensajes, de modelos identificatorios, de estilos y tendencias, y de un modo particular de experimentar la ciudad. La aparición de una terminología cientificista en los talleres donde se enseña Diseño Gráfico, nos habilita

---

[33] Entendemos al Diseño Gráfico como una práctica cultural. Esta perspectiva permite analizar las múltiples significaciones que pueden adoptar las producciones del diseño, tratándose de sentidos que escapan y exceden a aquello que el "mensaje visual" explicita. Entendemos por práctica cultural a toda acción material y/o discursiva, que adquiere sentidos por estar inscripta en una determinada cultura, y que a su vez afirma, modifica, transgrede o confirma la significación de determinadas prácticas sociales (Williams, 1994; Hall, 1980).

[34] Entendiendo que se trata de una modalidad de defensa fanática de un pensamiento que originariamente fue sumamente rico, y de un área –como es la del proyecto– que debe repensarse fuera de la idea de instrumentalidad.

a pensar no sólo en los problemas que suscita un paternalismo arquitectónico, sino especialmente, la aparición de una pretensión objetivante en el ámbito de la comunicación (visual).

5. Cambios históricos en los significados del concepto "función"

Efectivamente, un nuevo universo de análisis se insinúa en la mera transposición hacia el horizonte comunicacional de términos como "síntesis" y "coherencia", por sólo citar algunos ejemplos. En la frontera fluctuante entre legibilidad y textualidad –siendo éste un caso solamente– se concatenan una serie de obstáculos[35] que difícilmente puedan ser resueltos desde los parámetros de evaluación que instituye lo proyectual en su versión instrumental, aquella que enfatiza la eficacia y el "buen" o "mal" contenido[36]. Obstáculos en la medida en que la disciplina que "le es pertinente" silencia estos mismos problemas. En el intento por unificar lo proyectual con lo comunicacional, la comunicación se transforma en una temática con objetivos: "Comunicar bien, comunicar mal", todas ellas afirmaciones que extienden una suerte de "garantía" dentro de un universo en continua mutación, sentencias que a su vez encuentran fertilidad en un campo en donde la correcta aplicación de los saberes promete reconciliar los sueños con la realidad.

Como se ha señalado en otras oportunidades, al proyecto del diseño se le atribuyeron una serie de características particulares, fruto de su vínculo con la idea de progreso y con un imaginario moderno. Conceptos como los de "razón", "método", "eficacia", "intervención", "legitimación de la forma por la función" constituyen actualmente los pilares del campo disciplinario del diseño. Sin embargo, al ser cuestionada la Modernidad misma en tanto término sustan-

---

[35] El concepto de "obstáculo epistemológico" fue desarrollado por Gaston Bachelard (1938). Un "obstáculo" no es un error como tampoco una falta de conocimiento. El término alude, más bien, al desarrollo de categorías de análisis y de comprensión dentro de una determinada teoría que dificultan, paradójicamente, el conocimiento de un fenómeno o problema allí presente.

[36] Dentro de la misma Facultad varios profesores revisan la pertinencia del modelo. El argumento más importante sostiene que si para la Arquitectura el Proyecto articulaba el vínculo entre Idea y Objeto (Idea–Proyecto–Objeto), dicha relación resulta, por lo menos, revisable dentro del Diseño Gráfico. Pareciera desdibujarse la instancia intermedia del Proyecto, con lo cual el esquema mismo sería cuestionable.

tivo del proyecto, el diseño debería repensar una situación más inclusiva, que presente otros paradigmas de referencia y que retome senderos olvidados, como los de la teoría crítica, la problematización de lo público y de lo social, la articulación entre ciencia y técnica, la intervención de un sujeto activo con dilemas éticos, la complementariedad existente entre lo subjetivo y lo social y, por qué no, la percepción estética entendida como una acción.

> "La naturaleza misma del diseño instala una relación privilegiada entre el objeto y el sujeto, la del proyecto; allí el sujeto percibe y especialmente re–crea al objeto. En dicho lugar, el sujeto se encuentra en la doble situación de perceptor y conceptualizador. La percepción estética deberá ser considerada como un trampolín hacia la concepción; su carácter intencional hará de ella el nudo sintético del proyecto" (Poisson, 1994)[37]

Sin embargo, dicho recorrido continúa siendo una deuda. El imperativo actual que mayoritariamente aparece en los discursos del Diseño Gráfico – donde los problemas comunicacionales se resuelven con soluciones instrumentales–, mantiene una articulación entre dos instancias características de la Modernidad. Nos referimos al concepto de función, y a la racionalidad como lógica de acción.[38] Temáticas ellas que, en el contexto de su emergencia y consolidación alrededor de la década del '30, plantearon críticamente la articulación entre producción y mundo de vida. La relación forma-función fue, además de uno de los pilares de las disciplinas proyectuales modernas, la puesta en página de la idea de transferencia social de lo producido.[39]

En el salto histórico de los años '30 al inicio del siglo XXI podemos preguntarnos si conceptos tales como función y necesidad mantienen todavía su carga semántica, pues debemos recordar que "priorizar una necesidad" era visto –en los albores del siglo XX– como una manera de compensar un déficit social. La posibilidad de pensar en "mejorar la calidad de vida", acen-

---

[37] La traducción es nuestra.

[38] Recordamos aquí la fase de consolidación de la propuesta de diseño de Bauhaus. A partir de la incorporación de Theo Van Doesburg a principios de los años '20, se cristaliza la vertiente funcionalista de la escuela, siendo Walter Gropius el teórico que postuló en dicho ámbito la necesidad de establecer una ecuación entre la forma y la función. Posteriormente Hannes Meyer enfatizará, influido por la corriente productivista soviética, la correspondencia entre el diseño y la producción social.

[39] La producción al servicio de las necesidades de la población, el mejoramiento de la calidad de vida, la persistente búsqueda de la calidad material del producto –más allá del factor "ventas".

tuó la prefiguración de un ciudadano, un individuo que reunía –en su particularidad– ciertas características comunes de lo social[40], desde allí la producción industrial pudo ser leída en términos de progreso.

Actualmente, aunque la legitimidad de disciplinas como el DG siga esgrimiendo argumentos en apariencia clásicos, la constante sobre la cual se traza una tradición parece desdibujarse. La pregunta por los contornos y características del "otro" que marca la direccionalidad y las modalidades de la producción de objetos, piezas, mensajes se ha modificado, produciendo una versión comunicativa y productiva que ancla la significación a lo enunciado, la producción al producto, lo público al Estado como cliente.

Los cambios operados en las concepciones del diseño son especialmente visibles en nuestro contexto. Efectivamente, en los pocos años que lleva recorrido el DG como carrera universitaria en la UBA, asistimos a cambios programáticos y a una diversidad de objetivos que cuestionan seriamente la estabilidad conceptual del término "comunicación visual".

Heredera de una legitimidad que articulaba saber con democracia, los primeros años de la carrera se abrían también como una apuesta política donde la constitución del destinatario presuponía el despliegue de lo público, como también el de sus diversos actores sociales. Los jóvenes entraban dentro de esta última clasificación y recreaban la esperanza de la recuperación política de la sociedad. En este sentido, algunas investigaciones demostraron que durante 1984-1989 el afiche público representó uno de los géneros gráficos por excelencia en la medida en que –conjuntamente con el diseño de productos de la industria musical– ocupó un rol protagónico, visible en diversos concursos, y en el lugar que le asignaron los suplementos de *Diseño y Arquitectura* de los periódicos nacionales. Este puesto relevante daba cuenta de una significativa valoración respecto del espacio comunal y los actores sociales (Antuña, 1995).

A partir de 1990, aunque más claramente desde 1992, el diseño comenzó a operar un cambio radical respecto de las áreas prioritarias de trabajo. La hegemonía que adquirió el diseño de una Identidad Corporativa no es casual si recordamos el proceso de privatización de las empresas estatales, la fusión de empresas medianas que se transformaron en oligopolios, la privatización de

---

[40] Esta reflexión surgió luego de varias charlas e intercambio de ideas con Leticia Sabsay.

la esfera pública, la llegada de grandes capitales financieros al país y la celebrada "modernización" de la mano del neoconservadurismo. Con este criterio se aplaudió el desempeño central que adquirió el DG en el mercado, en algunos casos aportando dosis de ingenio, talento y profesionalismo, especialmente en la creación de nueva imagen de un sinnúmero de empresas locales. En otros, el diseño colaboró con la creación de un evidente *oxímoron*. Efectivamente en el caso de las empresas públicas privatizadas, la imagen "amigable" y la "proximidad" con el cliente, exaltadas en la construcción de "identidad corporativa" resultaron ser la contracara de su funcionamiento real: cortes de luz, tarifas monopólicas, aguas no potables, impuestos universales, y el subsidio público que sigue financiando la inversión privada (Socolovsky, 1995).

Más allá del modo en que se hicieron estos trabajos, resultó evidente la transformación de los objetivos sociales del diseño. En este sentido, y también durante los años ′90, con la llegada de nuevas tecnologías y la rápida actualización de las plataformas informáticas, el Diseño se diversificó en áreas –tal el caso del diseño multimedia que resultó absorbido por los diseñadores gráficos–, y en algunos casos se homogeneizó en productos, razón por la cual se abrió un extenso debate acerca de la relación "profesional/dispositivo/producto". Es decir, cuánto de lo nuevo venía dado por las nuevas tecnologías, cuánto habían cambiado los parámetros clásicos de la profesión y cómo redefinir el DG. Para ensayar una respuesta en términos universitarios, en la UBA en particular se abre la materia "Diseño Gráfico por computación" (1995) y en 1999 se agregan como materias electivas: "El proceso proyectual informatizado" e "Introducción al Diseño Multimedia". Por otro lado, luego de la crisis de 2001/2002 aparecen los colectivos de diseño cuya propuesta es trabajar con los "nuevos" –en todo caso, ahora organizados y visibles– "grupos sociales" producto de las asambleas autoconvocadas de trabajadores, vecinos y desocupados. El DG redescubre así una nueva/vieja forma de pensar la transferencia social, en la herencia de clásicos activismos (Ledesma, Siganevich, 2008).

El poder registrar este tipo de transformaciones nos obliga a repensar el marco conceptual del DG. Efectivamente, a pesar de que términos como *función* y *funcionalidad* sigan perfilándose como vertebrales dentro de su universo discursivo, dado que la relación entre "lo público" y "lo privado" se ha transformado radicalmente, es válida la pregunta sobre su vigencia, o en todo caso el modo en que asume otros sentidos. El diseño conserva así definiciones que, en el pasado, remitieron tácitamente a la esfera pública, a los derechos y a la ciudadanía. Hoy en día, su modo de acción y su inserción social dista de remitir a la utopía transformadora del mundo. Por el contrario, el estrecho vínculo con el mercado como si fuera el único universo de referencia –modelo instituido durante los años ´90 y más allá, y que ahora, 2008, sufre los embates de la crisis financiera a nivel mundial– indica otro tipo de trabajos: la consultoría comunicacional, el desarrollo de las marcas, la instauración de un determinado producto y su extraordinaria inserción en los medios masivos de comunicación.

Podemos entonces preguntarnos hacia dónde se ha desplazado el sentido de *lo funcional*. Efectivamente, desde la institucionalización, en nuestro medio, del saber del diseño como discurso autónomo, los parámetros que subyacen a la idea misma de *función* tienen como referente tanto los procesos formales del diseño, como la posibilidad de establecer un parámetro "objetivo" de medición de la correcta recepción.

¿Cuál es en este contexto la versión tranquilizadora de una comunicación con garantías? Aquella que enfatiza su factibilidad subrayando la articulación entre esfera de producción y producto, aquella que reubica la significación en la relación entre emisor y mensaje. Así por debajo del esquema comunicacional más difundido y aceptado como realidad empírica, nuestro viejo conocido Emisor-Mensaje-Receptor, subyacen, en no pocos casos, las figuras de Comitente-Producto-Target/Segmento de mercado.

Dos paradojas resultan de este exacerbado sentido común. La primera de ellas destierra al diseñador de la esfera de producción, en la medida en que no es quien enuncia: se transforma en "traductor" de ideas ajenas. La segunda es la resolución del "problema" comunicacional subsumiendo el mundo de la interpretación bajo el rótulo de "contexto", lo cual equivale a sostener que la esfera de la recepción no se encuentra problematizada, aunque sí subestimada en la medida en que se establece una equiparación entre "adquisición" y "aprobación", por mencionar sólo un ejemplo.

Dentro de la primera paradoja, se construye una antítesis entre el Autor y el Traductor. Figuras ellas, que en la crítica literaria fundaron paradigmas, se encuentran impugnadas en una antítesis que, no pocas veces, peca de reduccionista. Por efecto de una exagerada simplificación, una amplia mayoría de los profesionales circunscriben la actividad del diseño a la "traducción en un cuerpo gráfico de ideas que provienen de otros universos discursivos". Se olvida así uno de los principios más fecundos de la teoría literaria y de la semiótica: la autonomía constitutiva de los lenguajes. La riqueza que posee el valor gráfico, privativo del DG, pareciera ser forzada a la adaptación al mensaje, al partido conceptual, una suerte de versión pre-saussureana del lenguaje[41] que separa la "Idea" de su realización (gráfica).

Si la figura del Traductor no presenta la riqueza que otro tipo de paradigmas teóricos le han asignado[42], es porque pareciera permitir una identificación lisa y llana con trabajo del diseño. Al tratárselo como un saber al servicio de un mensaje ajeno se renuevan otro tipo de problemas. De allí que los juicios de valor de un diseñador se instalen, en muchos casos, en la simple opción de aceptar o rechazar un trabajo visto como "poco ético". Esta clase de dificultades refuerzan la dicotomía diseño=objetividad=neutralidad, y alimentan la seducción de otros fantasmas más permisivos, ligados a la figura del Autor: arte=subjetividad =expresionismo=valoración personal. La autoría, la asunción de un "yo discursivo" –aún en los enunciados gráficos– parecería caracterizar un trabajo más personal y por ende, calificado de "artístico".

Demás está decir que en esta operación se desmantela la cercanía entre autonomía de significación e imagen. Aquello que podría ser experimentado como un fascinante y estricto juego –el de la construcción de universos discursivos para el DG–, pareciera volverse un axioma que transforma en leyes universales, los modos históricos de la gráfica. Desde aquí, aunque se reco-

---

[41] Como ya fue analizado en el capítulo de Vazeilles, en su célebre *Curso de Lingüística General*, Ferdinand de Saussure cuestionó la concepción de la lengua como nomenclatura, que sostiene que la función de la misma reside en la representación de ideas o conceptos anteriores al signo lingüístico. Tal concepción, de alguna manera remite al modelo platónico de las ideas eternas, que anteceden y trascienden a los modos humanos de existencia y de conocimiento. La teoría saussureana, por el contrario, afirma que la lengua es un sistema de signos, donde cada uno de ellos define su identidad y determina un valor por oposición y diferencia respecto de los demás signos lingüísticos. De esta manera, se postula la íntima relación entre pensamiento y lenguaje, como así también las propiedades diferenciales y autónomas de cada sistema de signos. Al ser la lengua "un principio de clasificación" constituye al signo como unidad indisociable del sistema en su conjunto, y no ya como una entidad aislada e independiente de cualquier manifestación semiológica.
[42] Entre otras, la conocida corriente hermenéutica. La acepción lingüística y literaria del término alude a los diversos modos de interpretar un determinado texto. Desde aquí, resulta central el concepto de "lectura" y de "lector", incluyendo la dimensión temporal y el contexto de producción de la misma como constitutivos de la significación del texto. A partir de ello, es cuestionable la totalidad de sentido que aparecería en la materialidad de una obra. La "puesta en sentido" no refiere entonces a lo que se encuentra desarrollado, sino centralmente a los modos interpretativos de sus lectores (Ricoeur, 1980).

nozca la particular manera en que el mundo visual produce sentidos, se obstruye el fecundo camino de la autonomía gráfica, la "realidad gráfica", en la medida en que "el producto final" debe responder a una idea previa y exterior que garantice la linealidad del proceso.[43] Si la no coincidencia entre voluntad expresiva y lenguaje forma parte de la riqueza de todo discurso –de todo texto–, dentro del mundo gráfico este mismo potencial puede ser vivido –en no pocos casos– en términos de déficit.

Conclusiones

El pensar el Diseño Gráfico a partir de nuevas perspectivas de análisis permite una reflexión teórica y crítica respecto de su íntima vinculación con la cultura –como sistema significante– como así también respecto del protagonismo en la creación de imágenes. Al hacer un análisis del desempeño del DG en los últimos años, como también de los discursos teóricos del mismo, quisimos dar cuenta del fuerte compromiso social y político que el diseño ha asumido, a pesar de la poca conciencia sobre el mismo. Efectivamente, su protagonismo en el giro "modernizador" de la Argentina nos habla de una enorme capacidad de cambio, que va más allá de lo "que puede hacer o prometer". En la medida en que se hace cada vez más evidente el papel que asumió y asume en el "rediseño" de la imagen de país, empresa, institución, es factible un replanteo conceptual sobre el mismo, que asuma justamente esa capacidad como constitutiva, una "puesta en sentido gráfica" cuya potencia incide en la transformación de ciertos imaginarios. Es en este sentido que la propuesta interpretativa que aquí proponemos implica una filiación del diseño más cercana al procedimiento semiótico –procedimiento que articula, entre otras cuestiones, la dimensión significante de toda acción, práctica, mensaje, discurso, con los procesos sociales y culturales en de los cuales se inscribe.

---

[43] Se hace necesario aclarar, que nuestro intento dista de subsumir el DG al arte. Por el contrario, al afirmar la necesidad de un replanteo sobre la autonomía gráfica, intentamos hacer visible aquel aspecto irreductible del DG que lo constituye como un particular dispositivo de enunciación. Es en este sentido, que consideramos débil un planteo pedagógico que insista en tramitar los conceptos por fuera del propio universo discursivo del DG, como si los mismos tuviesen una existencia y una naturaleza no dependiente de los lenguajes.

Referencias bibliográficas

ADORNO, T. Y HORKHEIMER, M. (1980) [1947] *Dialéctica del Iluminismo*. Buenos Aires, Punto Sur.

AICHER, O. (1994) *El mundo como proyecto*. Barcelona, GG Diseño.

ANTUÑA, M. (1995) "El Diseño Gráfico en los suplementos de los grandes diarios". Buenos Aires, Mimeo.

ARFUCH, L. CHAVES, N.; LEDESMA, M. (1997) *Diseño y comunicación. Teorías y enfoques críticos*. Buenos Aires, Paidós.

BAJTÍN, M. (1987) [1979] *Estética de la creación verbal*. México, Siglo XXI.

BACHELARD, G. (1938) *La formación del espíritu científico*. París, Libraire J. Vrin.

BENVENISTE, E. (1993) [1974] *Problemas de lingüística general II*. México, Siglo XXI.

BAUDRILLARD, J. (1991) *Crítica de la economía política del signo*. México, Siglo XXI.

BOURDIEU, P. (1993) *Cosas dichas*. Barcelona, Gedisa.

DEBRAY, R. (1995) *Vida y muerte de la imagen. Historia de la mirada en Occidente*. Barcelona, Paidós.

FOUCAULT, M. (1987) *La arqueología del saber*. México, Siglo XXI.

FRASCARA, J. (1989) *Diseño y comunicación*. Buenos Aires, Infinito.

GONZÁLEZ RUIZ, G. (1990) *Estudio de diseño*. Barcelona, GG Diseño.

JONES, J.C. (1987) *Diseñar el diseño*. Barcelona, Ed. GG Diseño.

HALL, S. (1980) *Culture, Media and language*. London, Hutchinson.

LAKOFF, G. y JOHNSON, M. (1986) *Metáforas de la vida cotidiana*. Madrid, Cátedra.

LEDESMA, M. y SIGANEVICH, P. (comp.) (2008) *Piquete de ojo*. Buenos Aires, Ediciones FADU, NOBUKO.

LO CELSO, A. (1994) "¿Por qué diseñamos?" en Revista *Tipográfica,* Número 23, Buenos Aires.

MALDONADO, T. (1993) *El Diseño Industrial reconsiderado*. Barcelona, GG Diseño.

MEGGS, PH. (1991) *Historia del Diseño Gráfico*. México, Trillas.

POISSON, C. (1994) "De l'objet au sujet; pour une sémiotique du projet en design". Départament de Design, Université de Québec a Montreal. Mimeo.

RICOEUR, P. (1980) [1975] *La metáfora viva*. Madrid, Europa.

SAUSSURE, F. de (1989) [1916] *Curso de lingüística general*. Buenos Aires, Alianza.

SOCOLOVSKY, P. (1995) "Diseño y privatización". Buenos Aires. Mimeo.

URRESTI, M. (comp.) (2008) *Ciberculturas juveniles. Los jóvenes, sus prácticas y sus representaciones en la era de Internet*. Buenos Aires, La Crujía.
VERÓN, E. (1986) *La semiosis social*. Buenos Aires, Paidós.
WILLIAMS, R. (1996) *Sociología de la cultura*. Barcelona, Paidós.

Por los rumbos de la economía visual: identidades, cuerpos y estéticas

Leticia Sabsay

> *La cultura industrializada... enseña e inculca*
> *la condición necesaria para tolerar la vida despiadada.*
> *El individuo debe utilizar su disgusto general*
> *como impulso para abandonarse al poder colectivo*
> *del que está harto.*
> Theodor W. Adorno y Max Horkheimer

Desde el nacimiento de la fotografía hasta el desarrollo de las tecnologías digitales y de la información, la producción tecnológica de imágenes ha marcado un profundo proceso de transformación social, cuyo alcance –aún en expansión– no tiene precedente. A partir de mediados del siglo XX, la omnipresencia de la imagen en los medios masivos de comunicación y la publicidad iba a suponer una fundamental transformación de la economía que no implicaría solamente un desplazamiento de la producción de valor al sector de servicios, sino sobre todo el ascenso de una nueva área productiva cuyo potencial modificaría radicalmente tanto la dinámica de los mercados como la de la socialidad. La expansión de las tecnologías de la información sería luego clave en el desarrollo del capitalismo post-industrial, convirtiéndose incluso en una de las instancias de mayor generación de valor. La imagen, desde entonces recurso comunicacional propio de la mediatización, iba a devenir un verdadero soporte de los bienes –simbólicos y materiales– al punto de tornarse en algunos casos un *commodity*, impulsando una cultura visual globalizada que se ha constituido en uno de los sitios hegemónicos de elaboración de definiciones sociales, mediante las que cobran forma imaginarios culturales, horizontes de sentido y aún identidades y subjetividades. De hecho, es innegable que las posiciones de sujeto que se configuran hoy al compás de su visibilización pública en los medios –étnicas, raciales, sexuales, de género, idealizadas o discriminadas– llevan todas esa impronta: arquetipos que permiten ver tal vez más claramente los signos de esta cultura de época.

Los modos en que los llamados 'adolescentes globales' se relacionan con la industria cultural y en particular con lo audiovisual para configurar sus estrategias identitarias, por ejemplo, parecerían dar acabada cuenta de la magnitud de este cambio. La constitución de sus grupos de pertenencia y sus políticas de diferenciación se dan en base a los discursos y productos proporcionados por la industria del estilo y por los relatos mediáticos que, más allá de la seducción, realizan constantemente clasificaciones socio-culturales, juicios morales sobre cómo se es y cómo se debería ser, proporcionan una completa educación sentimental. En efecto, la hegemonía de esta cultura audiovisual se hace patente en la industria del estilo, donde el mundo de la música, la moda, el diseño de marcas, y en general, los *modus operandi* que hacen al prestigio de las profesiones creativas, delinean la versión posmoderna de una nueva y particular visibilidad de la diferencia, revalorizada hoy como marca definitoria de cada uno de los estilos –predominantes y múltiples– cuya última función parecería ser la de trazar las coordenadas a partir de las cuales se configura un "Yo".

Esta tendencia, característica de las nuevas generaciones, no se limita sin embargo a los jóvenes urbanos. Por el contrario, en esta trama cultural, signada no sólo por la industria del estilo, sino más ampliamente por la expansión de lo que ha dado en llamarse "la economía de la cultura", y en donde la economías visuales atraviesan todo resquicio de la vida social y personal, vemos proyectarse prioritariamente éste y todos los mundos, reducidos a su propia imagen. En esa misma medida, entre la decepción y la perplejidad, reconocemos los modelos en los que han de cifrarse nuestras expectativas. Es por esa fuerte presencia de la imagen en las elaboraciones de nuestra imaginación, nuestra memoria, nuestras identificaciones y nuestro deseo, que el análisis de sus funciones no podría ser reducido al mero imperio del mercado. Como estrategia de venta y posicionamiento, pero también como un espacio de socialidad, como un anclaje privilegiado para la afirmación de identidades y como campo donde se dirime la política, la hegemonía de la imagen nos lleva incluso a pensar en términos de una *existencia visual*, y entonces, a considerarla como una pieza clave entre los distintos dispositivos de subjetivación.

Que la cultura de masas, de la que lo audiovisual forma parte, ha reformulado el papel que antaño tenía la esfera de la cultura como mediación de lo social, incluyéndola dentro de la lógica de la mercancía, es algo que ya habían anunciado Adorno y Horkheimer, en su clásico trabajo, "La industria cultural" ([1944] 1987). Pero por cierto, fuera de ese análisis quedaron los efectos impredecibles de esta nueva articulación. Los usos, sentidos y sujetos políticos que han surgido al compás de este proceso de multiplicación del mundo en espectros visuales que las tecnologías han liberado, convirtieron este registro de visibilización de la existencia en un campo de batalla en el que los resultados de las luchas discursivas no pueden ser dados de antemano. No cabe duda de que esa proliferación de imágenes de mundos otrora desconocidos y lejanos, así como la diversidad creciente de vidas posibles, se articula con las luchas de los movimientos sociales y las consecuentes transformaciones del escenario político a nivel global. Así, los medios de comunicación han devenido en una de las principales arenas de la lucha política y esa dimensión política de la configuración de identidades no podía estar ausente en el ámbito de la cultura de masas.

Esta diversificación y expansión de lo visible que ha reforzado y a la vez puesto en crisis el paradigma de la representación, se torna particularmente evidente en las formas en que la subjetivación se ha venido articulando con el género y la sexualidad. En efecto, la visualidad ubica al cuerpo de la representación en el centro del debate, haciendo más patente el hecho de que el sujeto es corporal y que nos llega siempre ya generizado y sexualizado de acuerdo con unas normas de carácter imaginario. En este contexto, y pensando precisamente en las batallas discursivas que se juegan en torno de los medios, es significativo el modo en que las metáforas sobre el cuerpo insinúan una nueva y mucho más flexible y plástica manera de entenderlo, dando lugar a narrativas identitarias ancladas en modelos de género diferentes, los cuales, afortunadamente, llegan incluso a poner en crisis en algunas ocasiones la heterosexista alineación del sexo con la identidad de género y con las preferencias sexuales (Butler, [1990] 2001).

Lo cierto es que desde diversos ángulos se confirma el privilegio de la representación visual para establecer los modelos ideales –y sus 'contra-modelos'– mediante los cuales se configuran en el imaginario social unos estilos de ser. Así, si el yo con su cuerpo se presenta –casi como metáfora de sí mismo- bajo las más diversas modalidades y géneros y en esa aparición se juega fuertemente el sentido, surgen algunas preguntas: ¿Cómo funcionan estos gestos que parecerían apelar a una mayor aceptabilidad de la diversidad sexual en un mundo que sigue siendo profundamente heterocéntrico? ¿Implican de por sí un fenómeno positivo? ¿O, por el contrario, despolitizan y colaboran con el "olvido" de la realidad cotidiana de la discriminación?

Difícilmente podría reducirse este panorama al destino mercantil de la imagen: la significación de estas metáforas de la "alteridad" de las normas de género no podría jamás agotarse en sus usos instrumentales. ¿Qué experiencia de la identidad personal está implicada en las configuraciones actuales de la diferencia de género y de las sexualidades? ¿Qué imaginarios se configuran en la imagen de un sí mismo dueño de un cuerpo generizado? Todos estos interrogantes que nos planteamos acerca de las economías visuales contemporáneas difícilmente podrían responderse –y de hecho, ni siquiera podrían formularse- si no es a partir de la comprensión de la cultura visual en tanto red de espacios significantes donde se conjugan los universos de la visión y la creencia (Arfuch y otros, 1997).

Después de todo, ¿no es una de las funciones primordiales de la imagen la de reclamar una mirada, querer que la interpretemos de algún modo bajo el registro que sea, y en este sentido, decirnos algo sobre nosotros mismos? En la medida en que lo visual aparece como un eje modelizador de la vida o de lo que pueda ser visible de ella, queda por ver entonces, cómo en la representación plana de la identidad personal como pura superficie, y en consecuencia subsumida en la puesta en escena de un cuerpo, se prefigura una relación enigmática entre la materia visual y el destinatario en tanto que sujeto de deseo.

1. La identidad en imágenes: un espacio deseante

Según los preceptos de Hegel, la actuación de uno es tanto su actuación como la actuación del otro. Se plantea aquí la dialéctica entre identificación y diferenciación necesaria a toda configuración subjetiva. Dialéctica del sujeto que nos arrastra a los umbrales de la sociología de la cultura, es también el punto de inflexión donde los límites del psicoanálisis rozan el mundo de los sentidos sociales. En efecto, al momento de analizar la producción de un sujeto como tal, nos topamos con que los dispositivos que estructuran lo subjetivo han sido prefigurados en el espacio social. El caso es que los sentidos sociales de hoy, lo mismo que la tan mentada "socialidad", se hallan mediatizados por los textos de la cultura audiovisual.

El problema de la *identificación* parecería en este sentido fundamental para aproximarnos a la relación que nos propone la visualidad. Instancia que toda imagen lleva consigo, que nos vuelve vulnerables, la actividad identificatoria se da en ese espacio no demasiado determinado en el que se juega lo esencial del vínculo con la imagen, es decir en la aceptación de su interpelación, que en principio no es algo distinto de su invitación a mirar. En efecto, aún antes de su lectura o de su interpretación, lo que reclama una imagen es en primer lugar llamarnos la atención: impacto visual que supone lisa y llanamente no otra cosa que ofrecerse como un objeto digno de ser mirado, un objeto capaz de seducir nuestra atención aunque sea por un momento, y en este sentido, darse potencialmente como objeto del deseo, permitir que a través de nuestra visión, el deseo –nuestro deseo– encuentre un lugar para desplazarse momentáneamente. Lo cierto es que sin negar las otras dimensiones en las que operan los materiales ofrecidos a la visión, concentrarse en el momento identificatorio de la imagen ofrece una ventaja: nos aleja de la comunicación visual como espacio de circulación de contenidos y nos obliga a reparar en la dimensión del deseo, instancia que muchas veces, a la hora de hablar de las cadenas de significación que inauguran las imágenes, queda olvidada.

La fascinación que nos produce la imagen, esa especie de encantamiento del placer escópico, evoca lo que ha dado en llamarse la "pulsión de mirar" y nos recuerda que la imagen se propone como un objeto de deseo, al tiempo que nos vuelve a nosotros, los espectadores, objeto de su deseo: nos seduce. Y así, lo que ella trae con su especularidad –la imagen evoca siempre el fantasma lacaniano del espejo– es una suerte de atracción –pero también de distancia– por los múltiples desdoblamientos de la figura del yo, que puede estar encarnada tanto en la imagen propia como la de los otros. Deseo de *ser como el otro* que, como señala Dianne Fuss (1992), podría ser al mismo tiempo deseo del otro, un otro que quisiéramos incorporar, volverlo uno.[44]

En este entramado de deseos e identificaciones, el juego que inaugura la llamada "comunicación visual", no inocuamente regida por la lógica de la mercancía –esto es (aún) la lógica de la producción capitalista cuya contrafigura es la mercantilización cultural– parecería ser el *de someter o ser sometido.*[45]

Si esta relación tiene cierta connotación sadomasoquista, las imágenes que entraman las relaciones sociales parecerían evocar también la figura de la antropofagia: *consumir o ser consumido.*[46] En el marco del consumo, vemos desarrollarse en torno de las sociedades de la comunicación nuevamente el fetichismo, y en definitiva, los mismos temores que se anunciaran a lo largo de la modernidad. Quizás de eso se trate nuestra contemporaneidad: mientras las imágenes –los discursos– se presentan como vínculos –para el caso, íntimos– entre personas, lo que en realidad ponen en circulación es el imperio del objeto.[47]

De cara a estas "inversiones", es pertinente recordar que, precisamente, a partir de los años sesenta, y cobrando cada vez más fuerza con las transformaciones socio-económicas de las últimas décadas, una de las cuestiones que se pusieron en juego al momento de señalar los límites del diseño funcionalista, fue la necesidad de crear objetos capaces de generar en sus usua-

---

[44] Con respecto a la materia visual en relación con la instancia del deseo y la identificación, véase el clásico artículo de Laura Mulvey, "Placer visual y cine narrativo" ([1975] 1988).

[45] Con respecto a la enajenación del sistema cultural, que deja de ser aquella esfera que antaño suponía una distancia (una mediación) en relación con el mundo del trabajo, para convertirse en una mercancía más, me remito nuevamente al clásico artículo de Adorno y Horheimer, "La industria cultural" ([1944] 1987).

[46] En relación con las connotaciones del concepto de "consumo cultural", habría que repensar los usos de esta fórmula mediante la cual parecería aceptarse sin más la situación que reduce las prácticas de los sujetos a sus relaciones con los bienes.

[47] Me refiero aquí al objeto en el sentido de todo aquello que es susceptible de ser objetualizado, es decir *vuelto* objeto. La idea de "imperio del objeto" no remite a uno u otro tipo de bien material distinto de la virtualidad simbólica de las imágenes, sino antes bien a todo aquello que, en tanto que desposeído de humanidad alguna, se sitúa *entre* los intercambios.

rios una fuerte *afección*. En oposición a las tendencias objetivistas, se trataba de proyectar piezas expresivas y fundamentalmente *sensuales*. El objetivo del tratamiento formal por parte del diseño post-funcionalista era en esta clave, el de lograr en el lector la intensidad de las relaciones *personales e íntimas*. Y de hecho, si hacemos un recuento de los campos en los que la imagen juega un rol fundante –el mercado de *royalties*, los sistemas de *franchising*, el diseño de imágenes institucionales, identidades corporativas, programas de *branding*, posicionamiento de marcas, y en definitiva, infinitas estrategias de búsqueda de *plus* diferencial y lo que en la jerga se llama "diferencia competitiva", además, por supuesto de todo lo que puede ocurrir dentro de una pantalla–, sería difícil no aceptar que la fuerza de este fetichismo radica, antes que en la funcionalidad comunicacional, fundamentalmente en el deseo y la identificación.

Precisamente, haciendo un contrapunto entre el diseño moderno y el diseño postindustrial, François Burkhardt (1988) señala que, junto a la clásica corriente del "buen diseño" atento a los cánones de la racionalidad derivada de la Bauhaus y el Movimiento Moderno, la aparición de tendencias culturales alternativas a partir de los sesenta y setenta del siglo XX dio nacimiento a movimientos paralelos que pusieron en cuestión no sólo aquellos cánones, sino el mismo rol del diseño en la lógica de producción cultural que ha impregnado todos los aspectos de la modernidad industrial.

Si de lo que se trata es de pensar las funciones culturales del diseño de imágenes en relación con la comunicación post-industrial contemporánea, lo que estaría en juego hoy sería justamente lo que la imaginación diseñológica tiene para decir respecto de la visibilidad de aquellos soportes de la identificación. En este sentido, los señalamientos de Burkhardt eran ya, hace veinte años, esclarecedores:

> "El problema no consiste en oponerse al funcionalismo como tal, sino en combatir su tendencia a la hegemonización, especialmente en el campo del pensamiento. Cualquier objeto puede ser un objeto de diseño, y la multiplicidad de evocaciones deberían corresponder a las múltiples posibilidades de identificación e identidad que nuestra sociedad ofrece. Podemos ver esta tendencia en grupos marginales (punks, por ejemplo); lo que se busca es el máximo posible de individualización, incluyendo la individualización de sí mismo frente a los miembros del grupo." (Burkhardt, 1988: 151, mi traducción)

Sin duda, las palabras del autor aportan a nuestra hipótesis sobre la fragmentación de nuestra experiencia, paralela de nuestra identificación personal con diversas superficies estéticas. Desde esta perspectiva, la relación del diseño de imágenes con las identidades no podría resolverse mediante la ecuación del *target* previsto y previsible, menos aún en la elaboración de síntesis claras y neutrales en las que hablar –a través de una supuesta emisión de mensajes– a nadie y a cualquiera. Muy por el contrario, la intervención de las imágenes –donde la marca del diseño se ha hecho cada día más visible– en el trazado de una identidad personal y en la apariencia de cada uno en tanto que sujeto, y consecuentemente, en tanto que sujeto de un cuerpo generizado, parecería ser hoy su razón de ser.

No es gratuito pensar entonces que la tan augurada promesa de la "democracia audiovisual" –fantasía reforzada gracias a la abrumadora interconectividad– se perfila hoy como uno de los mitos más ingenuos. Mito que torna quizá más soportable el silencio de la palabra política, en la medida en que ayuda a olvidar que aquellos mundos visuales no serían más que espacios hegemónicos donde establecer –imponer– las posiciones relativas de los sujetos, firmar la visa mediante la cual se admite la entrada al reino de la visibilidad pública –eludiendo por supuesto su carácter profundamente problemático– y su lista acotada de identidades disponibles.

2. La industria del estilo

En el marco de la hegemonía de la cultura visual asistimos desde hace un par de décadas a la conformación de un nuevo espacio profesional y de prestigio asociado al campo creativo. La indumentaria, el diseño, el auge del modelaje, la reconfiguración de la industria de la música y su vinculación con la producción de video clips, el *show business*, confluyeron en la conformación de una nueva cultura joven que dotó de nuevos contenidos a lo que ha dado en llamarse *la industria del estilo*. Este movimiento, cuyos protagonistas, del lado de la creación, también son en su mayoría jóvenes, supuso una refuncionalización del arte, o bien, una práctica estética por fuera de los circuitos del arte canónicos (McRobbie, 1999). Evocando una suerte de deslizamiento desde el régimen de verdad del arte hacia el régimen de "verdad del mercado", se delinearon nítidamente las transformaciones operadas en la economía del capitalismo tardío: la lógica estratégica de la razón instrumental articulada con estrategias comunicacionales, materializando bajo el imperativo de los requerimientos del mercado, una creciente estetización del mundo. De hecho, en el campo de la comunicación de marcas, las diferencias estéticas y la insistencia en el aspecto estético del objeto tendrán que ver en buena medida con el éxito o el fracaso del intercambio mercantil (Klein, 2001).

La cuestión es que esta confluencia de requerimientos artísticos y mercantiles, cuya clave es la búsqueda de formas no convencionales "para vender algo", tiene su contraparte cínica: bajo su lógica todo objeto se ha vuelto estetizable, poniendo así en entredicho la noción misma de valor. Efectivamente, si la industria del estilo tiene hoy algún sentido, se lo debemos en parte a lo que Baudrillard denominó el "efecto Warhol", esto es, la preeminencia del "...valor de una figura de la que se ha retirado todo valor trascendente, dejando lugar únicamente a la inmanencia de la imagen...", estrategia que hace posible "partir de cualquier imagen para eliminar su imaginario y convertirla en un producto visual." (Baudrillard, 1996: 106)[48]

---

[48] A nivel global, el caso de revistas fundantes y emblemáticas como lo son *Ray Gun*, *The Face* y *Colors*, nos brindan claros ejemplos en los que ver los primeros momentos de esta transformación, que se ha dado en confluencia con esta suerte de *boom* del diseño que atestiguamos en nuestras vidas cotidianas. *Ray Gun*, fundada por David Carlson, el gurú del diseño editorial deconstructivista, operó un gesto inaugural en lo que luego devendría, en Buenos Aires, una moda editorial visualizable en el diseño de página caracterizado por el uso desordenado y superpuesto de tipografías, mezcla de recorridos de lectura (uso de distintos cuerpos tipográficos y espaciado, textos intersectados por figuras geométricas que dificultarían la lectura, textos verticales, horizontales en distintas direcciones, que ponen en crisis la tradicional lectura oblicua izquierda/derecha, arriba/abajo).
Colors, la revista editada por el grupo Benetton, con un criterio editorial que funciona a través de ediciones temáticas, y en plena concordancia con la imagen institucional de la marca, va a representar cada tema (la navidad, el casamiento, etc.) desde diversos puntos de vista en distintos puntos del planeta, involucrando diferentes identidades culturales, poniendo el acento en particular en las diferencias étnicas. De este modo, mientras *Colors* pretende reimprimir la imagen multicultural que ha elaborado la firma para sí, en realidad evoca una vez más la reafirmación de la hegemonía occidental en el mundo. De hecho, la diversidad cultural es folklorizada en las revistas, que apelan al tono exotizante. La diversidad consiste en representar la interpretación –muchas veces catalogada como absurda– que los modelos de las distintas culturas hacen respecto del objeto/tema que Benetton/Occidente elige para esa edición. Un objeto que, como la mirada occidental misma, es presentado como universal.
Finalmente, *The Face*, un hito editorial de los años ochenta, expresa la sintomatología de la nueva sensibilidad postmoderna, ya que junto con *ID* y *Blitz*, las tres revistas inauguraron lo que dio en llamarse *prensa de estilo* (Hebdige, 1988: 155-176; Frith y Horne, 1987: 123-161). El caso de esta revista es interesante porque puede pensarse a la vez como un síntoma de la transformación de la dinámica de consumo del *target* masculino, a partir de esta década diversificado según estilos de vida, y no ya como el espejo de una clase trabajadora dividida exclusivamente por su rol en el sistema productivo.

En efecto, la clave está en que lo que esta tendencia promueve es lograr el *impacto visual*, el cual, como su nombre lo indica, parecería no necesitar ser comprendido. El imperativo del higienismo diseñológico, que consistiría desde lo funcional en una comunicación *equilibrada, armónica, sintética* y *"sin ruido"*, y que apuntaría a una concepción moderna y racional de la interacción del público con el enunciado, es desplazado paulatinamente por un criterio de eficacia asociado a lo estético, y que parecería estar mucho más cerca del diseño de autor. En efecto, éste recurre muchas veces al concepto de belleza antes que al de funcionalidad, y de hecho, el prestigio de algunos diseñadores se basa en última instancia, más allá de sus competencias técnicas, en el "buen gusto" y la capacidad de "auto–expresión".

En sintonía con este nuevo rol del diseño y en paralelo con otras propuestas se ha venido desarrollando una estética que puede ser interpretada bajo la clave del *kitsch*. Como señalaba con agudeza Fredric Jameson (1991), la cultura de masas es reciclada en forma de arte paródico, bien para producir la mirada des-identificada –desde la burla hasta la risa, pasando por el condescendiente homenaje a las ingenuidades del pasado–; o para lograr la identificación emocional gracias a la estética *retro* o nostálgica en la que se suspende el distanciamiento respecto de lo que se ve y consecuentemente su resolución política.

En la misma medida en la que el mercado se expande al punto de lograr imponer la ilusión de que *todo* es mercado, el criterio estético se constituye en un modo hegemónico de leer todos los fenómenos del mundo, llegando incluso hasta el punto de atravesar los rasgos más tremendos de la violencia. Y en esta unión espontánea o inmediata, en esta suerte de *pastiche de géneros culturales,* lo supuestamente intuitivo o emocional –e individual– prima por sobre ciertas redes interpretativas que antaño mediaban, y que establecían como ideal comunicativo la producción de un sentido compartido, hoy subsumido en el apogeo de la mediatización de la política.

En cuanto a las representaciones del cuerpo, sobredeterminados por este nuevo escenario cultural, los usos del soporte-cuerpo por parte de la publicidad o de las industrias del entretenimiento dan con otros horizontes de sentido. Quizás debido justamente a la búsqueda de novedad y del *"plus* diferencial" propios de este campo, las disciplinas visuales y las profesiones creativas involucradas en esta tarea se han inclinado por un discurso de la diferencia pretendidamente renovador y hasta han evidenciado una cierta aceptación del género (*gender*) como una construcción socio-cultural. El problema es que esta rearticulación de las sexualidades ha supuesto muchas veces una actitud más bien oportunista, y ha tendido a simplificarlas como meras ocasiones rentables para la transgresión.

Lo cierto es que en el marco de la industria del estilo, se insinúa desde diversos ámbitos la omnipresencia de la corporalidad como anclaje de la identidad cultural. Vestimenta y modelos de sexo y género cruzados, confusión genérica, apelaciones a la bisexualidad, o utilización de estéticas *gay*, y en muchísima menor medida lésbicas, en las imágenes de marca y sus estrategias de comunicación, y sobre todo, una insistente renovación de la imagen de la mujer primero, y del hombre después –de la que somos testigos tanto en el cine o la TV como en la publicidad o la industria de la música, por nombrar solo algunos registros– parecerían abrevar en nuevas formas de identificación.

En principio, podría pensarse que tales transformaciones dan cuenta de un imaginario social más democrático –y fundamentalmente *aggiornado* a los tiempos que corren– en el que otros grupos, amén de la partición heterosexual, puedan ser incluidos. O bien, que estos deslizamientos estéticos ponen en escena el reflejo de una sociedad más abierta y flexible, en la que otras posiciones poco a poco van ganando una mayor legitimidad gracias a las luchas políticas de los últimos cuarenta años. De hecho, es necesario remarcar una y otra vez que estas tendencias que vemos a nivel mediático sólo han sido posibles gracias a la herencia de esas duras luchas por el reconocimiento por parte de distintos movimientos sociales, desde el feminista hasta los movimientos por la defensa de derechos de las minorías sexuales (McRobbie, 1991). Sin embargo, no puede negarse que del fenómeno político a los usos publicitarios hay una gran distancia. Queda la duda de hasta qué punto estos usos valorizan esas transformaciones sociales y hasta qué punto, dado que el modo de apropiación de las mismas es el registro publicitario, suponen, por el contrario, un vaciamiento de su contenido político.

Claro está que si atendemos a lo que marcábamos más arriba acerca del valor ideológico de estas prácticas estéticas, es probable que el sentido de esta redefinición de los modelos no se halle asegurado. En su oposición al *mainstream*, las tendencias alternativas que recorren los distintos géneros, parecerían en última instancia reproducir aquellos vínculos identificatorios que colocan al espectador en el mismo lugar de antaño. Su única sorpresa consistiría en la renovación de las identidades que intervienen con un único (y siempre el mismo) fin: la modelización de los cuerpos en tanto objetos de seducción.

3. Jóvenes y cultura: las estrategias de la diferencia

Es en el horizonte existencial de los adolescentes "globales" donde quizás podamos encontrar las marcas más claras acerca de cómo se articula la función identificatoria de la imagen con la diversificación estética. Atentos a las experiencias de las (sub)culturas juveniles, vemos cómo, dando nuevos matices a su pertenencia local, a la hora de discernir sus estrategias identitarias se delinean dos procesos paralelos: por un lado somos testigos del compromiso existencial de los jóvenes con la lógica del mercado, por el otro, asistimos a la superposición del proceso de construcción de su identidad con la experiencia de apropiación de uno u otro estilo o "tribu urbana" (Maffesoli, [1988] 2004).

En cuanto al compromiso con la lógica del mercado, la producción de una identidad personal parecería promocionarse como una serie de decisiones planificadas mediante escrupulosos cálculos y según criterios pragmático–instrumentales: el yo deviene para cada uno de los sujetos en un espacio donde recrear una ficción de sí, esta vez tremendamente racionalizada. Sintomáticamente, parecería que dentro de la red de las subculturas juveniles se cumplieran al pie de la letra las profecías de los teóricos sociales que pregonaban una sobreimposición de la racionalidad instrumental al mundo de la vida (Habermas, 1981; Giddens, 1995). Objeto de cambios programados y elaborados olvidos, la vida de cada uno de los personajes encuentra en los medios audiovisuales los textos que nutrirán su historia. Las palabras de Enrique Gil Calvo son elocuentes en este sentido:

> "…(L)a juventud cifra en su consumo audiovisual sus esperanzas de promoción social: algo que no puede esperar ni de la enseñanza (…) ni de la moral tradicional, sea religiosa, nacionalista, ideológica o revolucionaria (que sólo consuelan de la imposibilidad de promoción y del fracaso promocional). En cambio, de la moda audiovisual, material que circula por la cultura de masas, los jóvenes extraen precisas instrucciones que capacitan para incrementar sus oportunidades de promoción social (…) en un mundo en el que sólo parece reinar la incompetencia, la moda audiovisual enseña cómo competir para poder triunfar." (Gil Calvo, 1985: 11)

Precisamente, este papel de los medios como configuradores de modelos identitarios, nos lleva al segundo aspecto que señalábamos: su operatividad en cuanto a cómo regir y delinear una política de imagen para sus destinatarios. Así, ese dispositivo complejo de configuración de identidades juveniles se caracteriza por una dialéctica de homogeneización y heterogeneización. Por un lado, se nos presenta una imagen más o menos unificada de "*la* juventud" como límite exterior a la sociedad (adulta), por otro lado, se nos presenta un abanico altamente diversificado de "tribus juveniles" que funciona a nivel del trazado de fronteras interiores a esa "juventud".

En cuanto al polo unificador, la trama mediática hegemónica que funciona dentro, pero fundamentalmente fuera de los espacios de interlocución de los jóvenes, se atiene a la designación, en primera instancia, de la diferencia generacional, y a través de esta esencialización de la "juventud" se refiere a un supuesto sujeto joven casi como un producto natural, borrando de este modo la especificidad de la experiencia histórica concreta de estos actores sociales. Esta construcción de la diferencia generacional no sólo trata de la designación de cierto tipo de sujeto sino que es una forma de exclusión, la cual se torna evidente si se repara en que las caracterizaciones que efectúan estos discursos se ajustan a una primera e implícita definición de los jóvenes como "*no sujetos todavía*", caracterizándolos como irresponsables, inconcientes, manipulables, etcétera. Características éstas que tienden a representar a la subjetividad juvenil como un espacio vacío (metáfora de un no sujeto de derechos) en el que intervenir, sin mediaciones, para convertirla –siempre después– al sí, pleno, mundo adulto.[49]

En función de esta suerte de primera demarcación de fronteras identitarias, se produce una imagen desdoblada de la juventud: los jóvenes como expresión de la marginalidad y de la inexperiencia, a la vez que como soportes de una figura idealizada y central de la subjetividad modélica. Como contra–cara de la representación negativa, nos encontramos con una versión idílica: en este doble mensaje, el discurso social hará pesar sobre los jóvenes todos los riesgos y peligros sociales, pero al mismo tiempo los in-

---

[49] Sobre la figuración de los jóvenes en los medios, son reveladores las observaciones de Leonor Arfuch (1997) en *Crímenes y pecados: de los jóvenes en la crónica policial*, libro en el que la autora realiza un profundo análisis que pone de manifiesto el modo en que la prensa gráfica configura un imaginario sobre la juventud como amenaza al orden social.

vestirá con el rol de héroes en los que asentar las utopías contemporáneas. Junto al supuesto "peligro" que representan los *"amenazadores"* jóvenes agrupados en bandas –marginales o no tanto–, prestas a la violencia, y asociadas con el uso de drogas ilegales o con el consumo desmedido de otras drogas legales como el alcohol, por ejemplo, nos encontramos con los modelos ideales de belleza representados por el mundo del modelaje –cuyos protagonistas no superan los veinticinco años–, o con otros modelos de éxito, esta vez alcanzado por representantes de una juventud *"pujante e innovadora"'* que supo encontrar en los medios de comunicación, en las nuevas industrias de la publicidad y de Internet, o en el mundo de la música, su carné de acreditación en la sala VIP de los ricos y famosos.

En uno y otro caso, esta figuración de los jóvenes como una obra inacabada es el elemento crucial sobre el que se desarrollarán las diversas escenas que hacen a "lo propio" de cada grupo. Inacabamiento en el que los posicionamientos de sujeto en referencia a la diferencia de género sobredeterminarán, a su vez, el abanico de las diferencias grupales. La violencia que supone toda demarcación de fronteras se profundiza. Además de aquella barrera exterior que se basa en el significante de la generación, se incorpora *el deber ser del género*. La joven mujer de clase media, blanca, cosmopolita, independiente pero con una red social primaria que la contiene, siempre oscilando entre las inquietudes personales y/o profesionales y la sensibilidad amorosa, que más tarde o más temprano decantará en la proyección maternal y familiar, es lo que se repite una y otra vez en cualquiera de las series televisivas, desde las supuestamente más renovadoras sagas hasta los culebrones más convencionales.

Pero en la instancia de los usos que los actores hacen de estos discursos y en realidad, ya en el espacio de la producción estética supuestamente alternativa al *mainstream*, frente a la propuesta homogeneizadora, la oferta cultural de y para los así llamados jóvenes viene haciéndose, sobre todo desde los años 80, cada vez más heterogénea, componiéndose como fragmentos y más fragmentos que parecen no encontrar punto alguno de cierre. Las "tribus urbanas" que se producen en la circulación de discursos sociales dentro, o mejor dicho *destinados* a los potenciales miembros de las culturas del rock, remiten a una lógica proliferante de fronteras interiores.[50]

---

[50] Un buen ejemplo de este proceso de diversificación de estilos juveniles al son de la moda, el arte y la música pop, el cual ha sido paradigmático desde la década de los '80, es el de la cultura *Tecno*,

Esta suerte de crecimiento exponencial de las identidades parecería no remitir, en principio, a una lógica unívoca. Los ejes a partir de los cuales se trazaría una línea divisoria entre uno y otro grupo urbano pueden ser distintos y entrecruzarse cada vez, elaborándose para cada grupo criterios particulares de distinción. Sin embargo, pese a sus diferencias, las lógicas de identificación tienden a cristalizarse en torno a algunos ejes recurrentes: se ajustan a una proximidad geográfico-afectiva; devienen en clivajes identitarios en los que es la reterritorialización extrema la que da las coordenadas para el establecimiento de la frontera identitaria –desde las fuertes marcas de color local en las temáticas de la *cumbia villera* pasando por el *rock fierita* o el *hardcore* porteño, hasta las señas de identidad de los vecinos jóvenes del urbano y cosmopolita barrio de Palermo "Soho"– asumen características que algunos llaman "tribales" en torno de consumos culturales específicos asociados a la música popular y también a las modas (McRobbie, 1999), invistiendo, en algunos casos, de una dimensión política a la indumentaria –y más específicamente, el *look*–, que opera en el espacio público como un manifiesto de quién se es –o se quiere ser–; dramatizan su diferencia en muchos casos a través del uso de la jerga, que en realidad funciona como una especie de marca indicial *sui generis* de una supuesta vida *en común*.

---

que precisamente a partir de esa época, se ha venido fragmentando y diseminando en una multiplicidad de estilos a velocidad record. Si miramos el panorama de hace unos veinte años más o menos, encontraremos ya dentro de esta subcultura electrónica nominaciones tales como *tecno pop*, *electronic dance*, *intelligent dance* o *ambient*, que a su vez derivaron luego en el *ambient beat*, el *trance*, diversificado luego en *goa trance* y en *etno trance*, pasando por el *jungle*, por no mencionar los recorridos del *drum&bass*, y así sucesivamente hasta arribar a la realidad bastante paradójica de que necesitaríamos un nombre particular para describir la estética de cada uno de los músicos. Los recuentos son infinitos; los diversos estilos urbanos han seguido y siguen todos en la misma tendencia. Si escarbamos en el mundo del *reggae*, por citar otro ejemplo, el cual ha encontrado el nombre de *roots reggae* para definir a aquellos más puristas que se han mantenido más fieles al origen, vemos como también en la última década del siglo XX, éste derivó en el *ragga muffin*, que bajo las influencias del *ska* se transformó en *steady*. O bien en su relación con el *tecno*, inventó el *electronic dub*. En cuanto a la indeterminación (sobre todo en la diacronía) de las fronteras: la mezcla es ejemplar en el caso de The Orb, grupo *tecno* que además de traer cierta cadencia *reggae* en algunas oportunidades, también ha incorporado elementos del ya muerto *house* –que a su vez contó con la variante del *acid*-, y más tarde del *post house* –fácilmente reconocible desde el nacimiento del grupo Underworld.
A su vez, no podemos dejar de mencionar que otra característica de esta tendencia es la de su cruce con diversos horizontes culturales, culminando en la fusión de las llamadas músicas del mundo con la contemporaneidad occidental caracterizada por el sonido electrónico, creando un producto posmoderno –que encuentra su paralelo en la gastronomía– adaptado al oído –y al gusto– supuestamente cosmopolita de Occidente. Referentes de este sincretismo característico de los 90, han sido las figuras de Talvin Singh, Rachid Tahá, o Natasha Atlas, entre otros.

Más allá de la particularidad de las subculturas juveniles, es importante mencionar estos procesos porque ellos nos obligan, por un lado, a reparar en la instancia de resignificación de la uniformidad del mensaje satelital, y a no obviar el momento de la apropiación de ese enunciado supuestamente uniforme. Por el otro, porque ellos vuelven a confirmar la fuerza contemporánea de la cultura visual, incluso al punto de que parecería ser que parte de este fenómeno de fragmentación sólo podría comprenderse a partir de la dimensión identificatoria de la imagen en paralelo con la apuesta actual de los productores de imágenes por la diversificación estética. En realidad, ambos aspectos interactúan entre sí: en la medida en que esta infinita proliferación de microgrupalidades está atravesada por la apropiación, lo cierto es que esta tendencia a la particularización nos retrotrae también a la pregnancia del estilo a la hora de dar cuenta de la producción de sí.

No por nada, *el boom* del diseño del que fuera testigo Buenos Aires a partir de los 90, se ha dado en paralelo con una suerte de revalorización del ideal de la eterna juventud –patente en el mensaje global de las industrias cosmética y de tratamiento corporal con fines estéticos–, y de la renovación del negocio de las apariencias, el cual, por su parte, vuelve a poner en el tapete la relación entre arte y mercado. Así es que podemos visualizar, por un lado, una versión tecnocrática implantada en las disciplinas estéticas, aunque no exclusiva de aquéllas, en plena sintonía con las tendencias sociales hacia la racionalización de todos los procesos culturales, tan presente en las argumentaciones de la política y la economía. Por el otro, frente al mercado visual, podemos atestiguar la inoperancia de seguir oponiendo belleza a utilidad, y en la medida en que la actividad estetizante produce importantes activos, el paulatino crecimiento de una zona de intersección entre estas dos esferas.[51]

---

[51] El otro aspecto significativo de este comentario a una de las más prestigiosas fórmulas publicitarias es que él deja ver con claridad el error en el que uno cae cada vez que asume como propio el intento de seguir imponiendo diferencias de valor moral a las distintas tendencias. En esta dirección, no se trataría de juzgar si el diseño tiene una fuerte consistencia conceptual o si es mera estilización: como si esta última supusiera una operación vacía y no implicara, por el contrario, fuertes y significativas valoraciones del mundo. La crítica al "diseño cosmética", tilde con el que se pretendía, en cierto momento, desautorizar a ciertas corrientes, parecería incapaz de reparar en el hecho de que son éstas justamente las modalidades que mejor representan y más eficazmente se han adaptado a las necesidades de esta cultura de época.

La modernización de las sociedades –lo que ha significado más tarde o más temprano, dar la bienvenida a la mundialización de la economía y al modelo neoliberal– ha precisado de una nueva imagen que simbolice la nueva era. Mientras tanto, la mirada posmoderna se ha venido armando hasta los dientes con todo los residuos del pasado que pudo recuperar. De un lado, el diseño profesional –no por ello menos posmoderno–, en la otra orilla un diseño propio de las nuevas generaciones cuyos referentes estéticos serán el *kitsch*, las innovaciones de la cultura *pop* y las modulaciones que, a partir de fines de los setenta, se empiezan a sentir en el espíritu estilístico anglosajón, y más específicamente en lo que con mucho acierto pudo caracterizarse originalmente como el *video style* inglés (Frith y otros, 1990, 1993).

Precisamente, pensando en el origen de lo que en un momento fuera el *"nuevo diseño"*, Peter York lo caracterizaba por ser específicamente joven. El autor señalaba que era bastante difícil definir sistemáticamente esta tendencia, pero consideraba que sin embargo era perfectamente reconocible:

> "El diseño inglés exporta futuro –un futuro del tipo 'Dios! Nunca me lo pondría'. Este futuro se llama 'Ustedes, los Punks, son maravillosos'. Se llama: MTV, New Wave, New Romantics. Nadie parece estar demasiado seguro de cómo llamarlo, pero el nombre más cercano es video style, porque ese original arte inglés, el de los videos para promocionar y vender un disco, nos abre directamente a todos los factores clave: música pop, diseñadores de indumentaria, realizadores y directores de cine jóvenes, ambientadores, diseñadores gráficos." (York, 1988: 163, mi traducción)

En efecto, pese a las distancias geográficas, a partir del gesto fundante de la MTV al que aludiera York, se han ido desarrollando distintos y renovados estereotipos, entre los que fácilmente podemos reconocer muchas de las facturas provenientes de los clichés del *"Manchester sound"* y el *pop* británico. Y si bien esta suerte de *vanguardia posmoderna* retomará muchas de las enseñanzas del arte *Pop* –ella reivindicará, al igual que aquel movimiento, el valor de lo que una cultura tiene por desechable, incorporando a sus obras objetos de "baja calidad", tomando los motivos y los íconos más banales y representativos de la cultura de masas– lo más probable es que, antes que terminar en el museo, esta vez quede arrasada como una de las tantas excentricidades del *show business*.

Lo cierto es que esta tendencia que configura el panorama contemporáneo en su globalidad, es verdaderamente sintomática en lo que respecta a las subculturas juveniles. En paralelo con lo que ha sucedido a nivel de las artes visuales o el diseño de indumentaria, la "música joven" o bien la denominada "cultura rock", antaño caracterizada por su *performance* contracultural, fue quedando también cada vez más atrapada dentro de los mínimos corrimientos que permitían las industrias discográficas, y hoy toda esa industria se halla en pleno recambio dado el impacto de Internet. Paralelamente a esta mutación de modelos, nos encontramos entonces con la promoción de otras formas de recepción, en las que no se diferencia la escucha de la experiencia o del consumo. Así, atestiguamos el pasaje de los festivales a los recitales, y de allí a la *disco* o el *club* (Thornton, 1995; Talens, 1999). El recambio del personaje incómodo del "rockero" a la "estrella pop" y actualmente al "DJ", trazan, en este sentido, una marca hiper-resumida de este proceso. Todo un corrimiento que, más allá de la especificidad de cada campo cultural, también apunta, al igual que en las otras esferas de la cultura, a una nueva articulación entre la configuración de valores estéticos y la mercantilización.[52]

Caben pocas dudas de que a pesar de las diferencias, los diversos recorridos que hemos esbozado con respecto a los destinos del diseño confluyen en un aspecto fundamental: su sumisión a los dictados de extrema diferenciación del *marketing*. El hecho de que en una tipografía se pueda reconocer el gesto del destinatario, determinar el *plus* de prestigio que aporta éste o aquél estilo, separar lo *"in"* de lo *"out"*, comprender al minuto si es que se trata de una estética anacrónica, si se nos insinúa la industria masiva o su opuesto, una mirada que se proyecta por delante de las velocidades con las que las modas corren, es en parte el producto de una percepción entrenada en el detalle, en la mínima diferencia a la que nos obliga la saturada *metaforización de las señales* que según Alain Mons (1994) es característica de las culturas urbanas de hoy.

---

[52] Las transformaciones del barrio de Palermo, similares a las que han atestiguado el Camden Town londinense, la madrileña zona del Mercado Fuencarral, el Mitte de Berlin o el Marais parisino, todos ellos escenarios que, pese a sus abismales distancias geográfico–culturales, nos seducen con sus calles repletas de restaurantes y bares de diseño, y donde todo un sub–mundo *indie* de creadores independientes convive junto a las firmas más reconocidas, son marcas urbanas de esta nueva articulación entre economía, cultura y estética a nivel global.

Es indiscutible que en todos los canales, géneros y registros, somos testigos de esta exacerbada búsqueda de metáforas distintivas, propia de la era de la economía de lo virtual. En este contexto, la identidad se nos ofrece más ingenuamente en algunos casos como *look*, en otros como soporte visual de la representación de un poder –político o económico, da lo mismo. En todos los ámbitos, parecería que los actores están preocupados por la mostración de una supuesta fortaleza de la identidad, produciendo un "*plus* diferencial" que valorice por una vía o por otra el discurso que allí está en juego, y aportando de este modo, al fetichismo visual por el que se imprime a cada objeto el imaginario completo de un modelo de vida.

4. Los usos del cuerpo y el dispositivo de la sexualidad

Parecería ser un hecho que de cara al paulatino resquebrajamiento del modelo heterosexual hegemónico basado en dos posiciones –mujer y varón– absolutizadas como esencias opuestas y complementarias, las tendencias de los medios visuales de comunicación hayan tenido que reformular muchas de sus políticas. Así se deja ver tanto en el caso de la cultura televisiva, como en el de la publicidad y de la industria del estilo, las cuales han venido haciendo un uso extensivo de referentes propios de una estética sexualmente más flexible. Tal renovación no puede más que ser bienvenida, por cuanto implica la visibilización de posicionamientos sexuales otrora invisibilizados sistemáticamente. Sin embargo, dada esta lógica de la economía visual de la posmodernidad, nos sigue preocupando el hecho de que este uso publicitario parecería, al menos en la mayoría de los casos, borrar de forma sistemática el carácter profundamente político de estas posiciones que se resisten a las interpelaciones dominantes de un imaginario socio-sexual en el que sigue siendo la institución normativa de una heterosexualidad naturalizada la que configura la mirada hegemónica.

¿Qué idea de identidad está supuesta en estos discursos, que no dejan de ser discursos *sobre* la sexualidad? Y a la inversa, ¿cómo, al ponerse en escena ciertas ficciones sobre la construcción de la identidad personal, se da forma al mismo tiempo a ciertas nociones sobre el género y la sexualidad? Estas preguntas aluden al carácter contradictorio de un panorama. Por un lado, adquieren mayor visibilidad pública sexualidades en otro tiempo invisibles.

Por el otro, la tendencia a su fijación a la vez que a la negación de la *alteridad* que toda identidad supone, se hace notar apenas este cambio cultural es problematizado en los mismos medios. Bajo diversas modalidades, nos enfrentamos a desplazamientos en los que la identidad no encuentra un punto de cierre y se nos brinda como una articulación múltiple y en perpetuo flujo y al mismo tiempo, se afirman políticas de identidad opuestas, que tienden a fijar la alteridad latente en toda posición de sujeto, como *un modo específico y particular de ser*.

Frente a este panorama que pendula entre la fijación identitaria y su subversión, es necesario realizar una serie de aclaraciones. Si partimos de la idea de que la modulación de la sexualidad no es una cualidad natural o predeterminada de los individuos, sino antes bien, el efecto de negociaciones de género, el producto de un aprendizaje social y de identificaciones plurales que resultan en posiciones de sujeto que pueden modificarse y variar a lo largo del tiempo, se vuelve impensable que sea posible definir de una vez y para siempre una única –y siempre la misma– identidad. La reiterada asunción de las mismas posiciones, pero a la vez la posibilidad de asumir otras o cuestionar la presunta esencia de las mismas, hacen de la identidad un efecto relativamente estable, pero que supone al mismo tiempo, constitutivamente, la incertidumbre, la alteridad. En este sentido, creemos que uno de los ejes que hacen al interés del análisis crítico de nuestra cultura de la imagen debe apuntar a desarticular la esencialización y la clausura identitaria evocadas en el concepto de identidad que se maneja en el universo de la producción visual y audiovisual.

El hecho de que bajo diversas modalidades nos enfrentemos constantemente a la producción de políticas de identidad que tienden a fijar la alteridad latente en toda posición de sujeto asumirá entonces para nosotros un interés teórico particular. Dicho de otro modo, si lo que nos preocupa es la representación visual de la sexualidad, de lo que se trataría aquí no es tanto de la visibilización o no de identidades sexuales diversas, sino de las ficciones y filiaciones que hacen a la estabilidad de *una/esa diferencia* o que, a la inversa, habilitan a la perturbación de *una/otra diferencia*, marcando los límites de la misma. Nuestra pregunta por la representación visual de la sexualidad apunta a aquel lugar que se encuentra *entre* las identidades y en ninguna de ellas. Como observa Dianne Fuss refiriéndose a la fotografía de moda:

94

"Los looks lésbicos codificados en la fotografía de moda desesencializan radicalmente las nociones convencionales de la identidad del sujeto espectador... Necesitamos teorizar sobre los looks homoeróticos, no en términos de algo inherente al espectador, sino en términos de una estructuración visual y una identificación que participa en la organización de la identidad sexual de cualquier sujeto social. Lo que está en juego aquí no es un espectador heterosexual versus uno homosexual." (Fuss, 1992: 736)

En efecto, como remarca E. K. Sedgwick (1993), la conceptualización de la identidad sexual como categoría unitaria supone una normativización del campo de las sexualidades que tiende a la fijación y a la esencialización de las posiciones de sujeto posibles. Se trata de una normativa que nos obliga a determinar un sexo biológico, una alineación de género –que se supone debe ser coincidente–, una apariencia, una personalidad y un modo de actuar estabilizado y acorde con el género que se ha elegido, que rige también para la pareja correspondiente: una percepción de sí como *gay* o hétero que debe responder a si se ha elegido a alguien del mismo sexo o del opuesto, la misma percepción por parte del compañero/a, que debería ser similar a la propia, una elección en torno a la procreación, que debe ser afirmativa si la identidad es hétero, negativa si se es *gay*, etcétera.

En cambio, la comprensión del campo de la sexualidad como un dispositivo normalizador (Foucault, [1976] 2002), destinado constitutivamente a fracasar en su intento de fijación y estabilización de la identidades en torno del deseo y de la identificación (Butler [1990] 2001), nos obligaría a otras metáforas. En paralelo con las diversas identidades sexuales que contradicen la norma heterosexual –*gays*, lesbianas, bisexuales, transgéneros, transexuales e intersexuales-, lo que se pondría en juego en este caso es la complejidad de las culturas y los tránsitos –sin una dirección necesaria– del sí mismo por distintas posiciones de deseo, sin que esto suponga necesariamente para el momento identificatorio del sujeto, contradicción, duda o incoherencia.

Pensando en esta tensión entre la estabilización de identidades discretas y los espacios de indeterminación, que es también la tensión que se da entre la fijación de la normativa del género y la sexualidad y sus efectos desestabilizadores, nos llaman la atención algunos flujos que ponen en escena el papel protagónico de la alteridad y la inestabilidad identitaria. El problema de estas metáforas que nos llegan de los medios y de la publicidad es que en vez de poner el acento en la imposibilidad de ser completamente dueños de nosotros mismos, se proponen, al contrario, como una forma contemporánea a partir de la cual tomar partido por la mostración y el reconocimiento de la identidad como el producto del libre arbitrio de un sujeto que aparecería como el punto de origen del sentido, como el centro de control –autónomo y sin constricciones– de su accionar.

Un caso en el que se pone de manifiesto esta tensión, y que no podemos dejar de señalar como sintomático, ha sido el fuerte impacto que tuvo la estética de la marca Calvin Klein en el campo de la publicidad. Máxime cuando la irrupción de su propuesta revolucionaba, de algún modo, la canónica representación de la escena hetero de la seducción. La seducción que pudieron ejercer los cuerpos de Calvin Klein era, en parte, la de su indiferenciación: vestidos en paralelo, Calvin no incluía en sus modelos indicadores fuertes de una pertenencia sexual o de género tan clara, al menos no en los términos canónicos en que se suele distinguirlos. Borrando las curvas femeninas –como consecuencia obligada de la vocación anoréxica del modelo Calvin–, y suavizando los gestos masculinos hasta el punto de poner entre paréntesis la virilidad estereotipada de lo varonil –reemplazada por la figura del efebo–, las campañas de Calvin Klein incluyeron, a su modo, un cierto juego sobre la indefinición sexual, anclada en cuerpos de los que no se podía afirmar otra cosa que la extrema similitud de sus siluetas.

El juego de la imagen Calvin Klein parecía reclamarnos, así, un ejercicio de apertura y libertad. Si en su estética había un *plus* que excedía generosamente la publicidad del *jean* –ícono de la marca, más allá de sus otras líneas de productos– como indumentaria *unisex*, deberíamos festejar verdaderamente que su manifiesto haya sido el de un estilo de vida donde los sexos no se distingan. Sin embargo, inmediatamente surgen las dudas ya que en la indistinción Calvin Klein, si los sexos no se distinguían como antaño, esto se lograba mediante la pérdida del acento en la sexualidad en sí: se trataba de una operación de resta y dilución.

En las imágenes fotográficas de esos modelos desaparecía además el contexto y toda referencia figurativa a un lugar, o a un hacer. La entera imagen de un estilo de vida se apoyaba en el juego de luces y sombras y en la gestualidad de los cuerpos, que también se diluían. Se diluía la ropa en los minimalistas rasgos del *denim*, el maquillaje buscaba la ilusión referencial propia del naturalismo (Barthes, 1987), de hacer aparecer a los protagonistas como si no hubiera producción. Desaparecían los sentimientos en las caras que miran a cámara como si no la vieran, también la referencia al mundo exterior en el gesto vacío de quien mira cuando no hay nada que mirar; desaparecía la experiencia en la pubertad de quienes no tienen marcas ni han sido marcados todavía. Desaparecía lo femenino en la figura anoréxica, desaparecía lo masculino en la niñez, y sólo en estas condiciones por fin, la diferencia desaparecía.

En la propuesta de imagen de Calvin Klein, parecería que la única opción estética posible fuera la mostración de la nada. La liberación era evocada como prescindencia. Y la única posibilidad para que varones y mujeres pudieran ser equiparados era que la sexualidad muera. Icono de la fría y fugaz seducción postmoderna, lo que se advierte desde el comienzo en esta imagen de marca es un relato que se satisface en la estética de la desaparición, como la llamara Paul Virilio. Un modo de ser de lo identitario que, dado el estado actual de las cosas, se asemeja cada vez más a una profecía pesimista. Veamos la descripción somera de una publicidad de Obsession, el perfume para hombres de Calvin Klein, hecha por Andrew Sullivan:

> "...el punto está en la completa escasez de emoción. Ninguno de estos modelos está preocupado por nada, ni representan nada reconociblemente humano o humanitario (...) Sus mentes están ausentes. No tienen motivación, ni razón posible por la que estar allí, como tampoco nada que expresar, ni comunicar. Ni siquiera se miran unos a otros (...) La cuestión central en las publicidades de hoy es la uniformidad deshumanizada de los cuerpos que despliegan..." (Sullivan, 1994: 209-210, mi traducción).

Estos comentarios nos previenen de reivindicar apresuradamente como gestos libertarios estos elogios de lo indeterminado. Al contrario, ellos parecerían confirmar que no necesariamente esos usos supuestamente "transgresores" suponen un compromiso crítico ni tampoco la elaboración de un sentido menos conservador. De hecho, ante un contexto donde es evidente que la publicidad tiene al imaginario sexual como su mejor aliado, es a su alredededor donde debe tallarse ese *plus* de la, aunque más no sea, mínima diferencia. En este sentido, Michael Rock afirma en un artículo para *ID* (mayo/junio 1993):

"Las imágenes sexuales derivan de ese mismo sistema de códigos culturales que a su vez influencian. Lo fascinante de los juicios sexuales que se presentan como juicios sobre la moda es cuán suavemente la industria del estilo es capaz de absorber imágenes de resistencia y reaplicarlas como soporte de la cultura dominante" (Rock, 1993: 176, mi traducción).

En efecto, si bien es loable la puesta en cuestión de una supuesta esencia para ese "sexo" que en otro tiempo "se sabía", la insistencia actual en su construcción corre el riesgo de asumir una faceta paradójicamente conservadora, máxime cuando se lo banaliza como una simple elección personal. ¿O acaso no se cifran allí muchas veces mitos de libertad donde las connotaciones de la "decisión" parecerían autonomizar a los sujetos de una trama socio–cultural que los violenta constantemente? ¿No hay allí un cierto carácter de lo identitario que recuerda a los sujetos ilustrados, plenos de voluntad y conciencia, pero para quienes esta vez el espíritu revolucionario ha quedado reducido a una actividad transgresora gracias a la cual volverse objeto de culto del *mainstream* de una estética complaciente, *kitsch*, confortable, postmoderna?

El cuerpo ofrecido a la visión devela metáforas identitarias que parecerían ir desde concepciones pre-psicoanalíticas hasta despreocupadas dramatizaciones de la artificialidad. La pantalla puede aceptar –no sin conflictos, y siempre bajo el registro del discurso moralizante– la existencia de desplazamientos, el hecho de que la identidad sexual sea visualizada cada vez más como un constructo socio-cultural. Pero lo que sobrevive silenciado es que entre los modelos ideales y las figuras inadmisibles que este imaginario socio–sexual contribuye a configurar, se edifica todo un espacio de indeterminación, donde la sexualidad se muestra como lo que es: una pluralidad de efectos de enunciación, un hacer(se) visible en el terreno de la representación.

5. Lectura, deseo y subjetivación: de la ontología al devenir

Las diferentes imágenes que están operando hoy sobre las sexualidades y las identidades nos invitan a discutir la idea de que hoy estaríamos más abiertos a la diversidad. En principio porque estas imágenes –que son válidas en la medida en que ejemplifican representaciones culturales más amplias–, parecerían expresar el síntoma de la ideología hegemónica. En efecto, lo que ellas demarcan es el imperio del consumo como modo de realización de la subjetividad: la individualidad y la libertad son reducidas así a la posibilidad de elección entre una oferta u otra. Lo que estas imágenes nos ofrecen es, de hecho, un modelo social entre los disponibles para que nos identifiquemos imaginariamente con él, y para que a partir de su apropiación, podamos manifestar o expresar en público nuestra subjetividad. El uso de los cuerpos con todos sus accesorios y alteraciones cosméticas, viene a significar en muchos casos, un manifiesto casi político. Asimismo, se nos indica que esta elección materializa nuestra distinción. En unos casos, como rebeldía y crítica de lo convencional, en otros, como requisito de un buen gusto que se opone por definición a la media cultural, y no importando cuán masiva sea la propuesta elegida, lo que elegimos no es más que la marcación imaginaria de un terreno personal.

En cuanto a la identidad en relación con la escenificación de los cuerpos, sería un error creer que en los usos que hace la industria del estilo de la ambigüedad del deseo o de la indistinción de la identificación genérica, se pueda leer inmediatamente una mayor flexibilidad del imaginario cultural con respecto al género y la sexualidad. A decir verdad, parecería que lo que estos juegos y usos instrumentales de la diferencia de género y de las sexualidades acentúan es otra cosa: no se trata tanto de que haya una efectiva democratización de la experiencia, sino más bien de la banalización de una libertad sexual que en realidad estamos aún muy lejos de lograr.

Sin embargo, también es necesario reconocer que en las escenas donde se configuran las identidades de los sujetos, no es sólo la pregnancia del mercado lo que se pone en juego. En este sentido, podemos interpretar en las ansiedades estilísticas y vivenciales de sus representaciones, dos tendencias. Por un lado, es cierto que buscando en la imagen de sí un objeto de deseo, se deja sentir la pregnancia de la razón instrumental en la corporalidad: comunidad de valores inscripta en el gesto. Pero también, en la figura de aquel que vive en el tránsito, ni en un lugar u otro de lo identitario, se perciben la coyuntura y las esperanzas de una cultura que, como diría Coupland en relación a la *Generación X*, parece haber nacido no como marginal sino como residuo. En este sentido, hay que subrayar que a pesar de operar sobre una imagen pre–psicoanalítica de la personalidad –el sujeto se percibe en el registro de la industria del estilo como autocentrado y dueño de su deseo–, se presenta una noción abierta de lo identitario. El sujeto está abierto a la transformación continua y está posicionado como figura de la transitoriedad.

En este sentido, la polivalencia sexual parecería funcionar en un doble movimiento, ya que si bien termina todavía reafirmando la hegemonía de la heterosexualidad en tanto su fuerza se basa en el señalamiento de las otras posiciones como "*desviaciones de la norma*" o anomalías, no por esto deja de abrir un campo: el de la muerte del sujeto como soporte de una supuesta peligrosa interioridad a la que debía dedicar todos sus esfuerzos para poder controlar (Foucault, [`1976] 2002). Efectivamente, la polivalencia no desarticula tanto el imaginario socio-sexual imperante porque sea capaz de representar otras posiciones sexuales –aunque esta amplificación del mapa también suponga una fuerte desarticulación–, sino sobre todo, en cuanto demarca el límite de un imaginario basado en la interioridad subjetiva, que se construye sobre la base de la unidireccionalidad del trayecto de vida (Arfuch, 2002).

Por saturación o por fragmentación; porque es reduplicado o señalado en su semejanza con otros, el cuerpo moderno, antaño soporte del deseo y por ello lo más prístino de la singularidad es lo que hoy comienza a perderse. Alterado en su pretendida y superada naturalidad, ya sea en el campo de la fantasía biogenética o en el de los avances de la cirugía, enfundado en trajes de *látex* o paradojalmente, imitando la imagen del *comic* o de los personajes post–humanos de la ciencia ficción, desaparecido en la realidad virtual, multiplicado en las imágenes de los dobles, el cuerpo posmoderno de la cultura de la imagen en la industria cultural reformula las sexualidades, efectivamente. Pero no tanto porque el deseo o la sexualidad se hayan liberado, sino antes bien, porque junto con el cuerpo, la sexualidad comienza a cobrar otro sentido y aquel deseo oculto y desconocido –soporte– del sujeto moderno, como tal, también parecería comenzar a disolverse.

Pensando en las formas en que un imaginario es presentado visualmente, y retomando el problema de la representación corporal de la sexualidad, no se trataría entonces de evaluar qué tipo de estética asume cada producción en particular, sino antes bien de analizar cómo ésta se apropia de los discursos que circulan en torno del tema: no es el problema de qué queremos hacer decir a la imagen, sino de lo que la imagen dice aun sin querer.

Si como hemos visto, una de las primeras cuestiones que involucran a la cultura visual contemporánea es la de los modos de intervención en el diseño de identidades, la búsqueda de una valoración posible podría encontrarse, en todo caso, en relación con su destino. Como sugiere W. J. T. Mitchell (1996), se trataría de desplazarnos de la pregunta en torno de qué es lo que los sujetos quieren decir a través de las imágenes hacia aquella otra que, subjetivizando a las imágenes, se interroga sobre lo que ellas mismas "quieren" de nosotros.

La dimensión ética de este deseo podría alojarse en la posición de enunciación de un enunciado visual con y frente a los otros enunciados que compiten y dialogan con él, en el proyecto comunicativo en el que el discurso se incluye o inaugura (Bajtin, 1984). Es decir, no se trataría de reducir el problema a los contenidos a impartir, "el contenido del mensaje que se va a sintetizar", sino de pensar en qué posición de interlocución esa "síntesis" coloca al otro. Retomando la dimensión identificatoria y auto-identificatoria a la que aludiéramos en apartados anteriores, el punto consistiría entonces en reflexionar sobre la manera de escenificar a los destinatarios y a los "otros" –la tercera persona– como objeto del propio enunciado.

En cuanto a lo inaprensible de la dimensión del placer y el deseo en los que viven nuestros cuerpos, aun a pesar de la omnipresencia especular de lo visual, como señala Gilles Deleuze refiriéndose a los límites de la representación:

> "Las categorías de la vida son las actitudes del cuerpo, sus posturas. 'Ni siquiera sabemos lo que puede un cuerpo': ebrio, dormido, esforzándose y resistiéndose. Pensar es aprender lo que puede un cuerpo no pensante... El cuerpo nunca está en presente, contiene el antes y el después, la fatiga, la espera. La fatiga, la espera, incluso la desesperación son las actitudes del cuerpo." (Deleuze, 1996: 251)

Palabras conmovedoras que nos recuerdan que antes que encerrarnos en la clausura de la visión omnipotente de quien cree ver en el otro la totalidad de sus posiciones y fantasías, quizás pudiéramos obligarnos a nosotros mismos también, a repensar nuestros propios posicionamientos y asumir entonces, una mirada menos ambiciosa y capaz de soportar la ambigüedad de nuestro propio devenir.

Referencias Bibliográficas

ADORNO, T. y HORKHEIMER, M. (1987 [1944]), "La industria Cultural. Iluminismo como mistificación de masas" en *Dialéctica del Iluminismo*, Buenos Aires, Sudamericana, pp. 146-200.

ARFUCH, L. (2002) *El Espacio biográfico. Dilemas de la subjetividad contemporánea*, Buenos Aires, FCE.

——————— (1997), *Crímenes y pecados: de los jóvenes en la crónica policial*, Buenos Aires, UNICEF.

ARFUCH, L. y otros, (1997), *Diseño y Comunicación. Teorías y enfoques críticos*, Buenos Aires, Paidós.

BAUDRILLARD, J. (1996), *El crimen perfecto*, Barcelona, Anagrama.

BAJTIN, M. (1984), *Estética de la creación verbal*, México, Siglo XXI.

BIERUT y otros (Eds.) (1994), *Looking Closer. Critical Writings in Graphic Design*, New York, Allworth Press.

BURKHARDT, F. (1988), "Design and 'avantpostmodernism'" en Thackara, J. (Ed.), *Design after Modernism*, New York, Thames and Hudson, pp. 145-151.

BUTLER, J. (2001 [1990]), *El género en disputa. El feminismo y la subversión de la identidad*, México, Paidós/PUEG.

DELEUZE, G. (1996), *La imagen–tiempo. Estudios sobre cine II*, Barcelona, Paidós.

FOUCAULT, M. (2002 [1976]), *Historia de la sexualidad Vol. I: La voluntad de saber*, Buenos Aires, Siglo XXI.

FRITH, S., y otros (Eds.) (1993), *Sound and Vision. The Music Video Reader*, London/NY, Routledge.

FRITH, S., y GOODWIN, A. (Eds.) (1990), *On Record. Rock, Pop and the Written Word*, London, Routledge.

FRITH S. y HORNE, H. (1987), *Art into Pop*, London, Methuen.

FUSS, D. (1992), "Fashion and the Homoespectorial Look" en *Critical Inquiry*, Vol. 18 N° 4, U Chicago Press, pp. 713-737.

GAUTHIER, G. (1992), *Veinte lecciones sobre la imagen y el sentido*, Madrid, Cátedra.

GIDDENS, A. (1995), *Modernidad e identidad del yo. El yo y la sociedad en la época contemporánea*, Barcelona, Península.

GIL CALVO, E. (1985), *Los depredadores audiovisuales*, España, Tecnos.

HABERMAS, J. (1981), *Teoría de la Acción Comunicativa*, Madrid, Taurus.

HEBDIGE, D. (1988), *Hiding in the Light: On Images and Things*, London, Comedia.

JAMESON, F. (1991), *Ensayos sobre el Postmodernismo*, Buenos Aires, Imago Mundi.

KLEIN, N. (2001), *No Logo*, Barcelona, Paidós.

KOSOFSKY SEDGWICK, E. (1993), "Queer and Now" en Edmundson, M. (Ed.) *Wild Orchids and Trotsky*, New York, Penguin.

MAFFESOLI, M. (2004 [1988]), *El tiempo de las tribus*, México, Siglo XXI.

MONGIN, O. (1993), *El miedo al vacío. Ensayo sobre las pasiones democráticas*, Buenos Aires, FCE.

MCROBBIE, A. (1991), *Feminism and Youth Culture*, London, Routledge.

————— (1999), *In the Culture Society: Art, Fashion and Popular Music*, London, Routledge.

MITCHELL, W.J.T. (1996), "What do Pictures *Really* Want?" en *October*, N° 77, Cambridge, MIT Press, pp. 71-82.

MONS, A. (1994), *La metáfora social*, Buenos Aires, Nueva Visión.

MULVEY, L. (1988 [1975]), *Placer visual y cine narrativo*, Valencia, Instituto de cine y RTV Serie Documentos de Trabajo.

SULLIVAN, A. (1994), "Flogging Underwear: The New Raunchiness of American Advertising" en Bierut y Otros (Eds.), *Op.Cit.*

TALENS, J. y otros (1999), *Las culturas del rock*, Valencia, Pre–Textos.

THORNTON, S. (1995), *Club Cultures*, Hanover, Wesleyan U Press.

VIRILIO, P. (1989), *La máquina de visión*, Madrid, Cátedra.

YORK, P. (1988), "Culture as Commodity", en Thackara, J. (Ed.), *Op. Cit.*, pp. 160-168.

Ciudad marcada.
Las huellas (in)visibles de la dictadura en Buenos Aires

Valeria Durán

1. Introducción

Recuerdos y lugares se atraviesan y construyen mutuamente, resultan indisociables. A partir de estos cruces, Walter Benjamin describió ciudades muy diferentes: Moscú, Nápoles, y especialmente Berlín, la ciudad de su infancia, que puede ser reconstruida desde sus experiencias y sus recuerdos: "Hace ya mucho tiempo, años en realidad, que juego con la idea de organizar gráficamente en un mapa el espacio vital –*bios*" dice Benjamin declarando su intención de plasmar sobre el plano de Berlín marcas biográficas tan numerosas como inclasificables:

> "las viviendas de mis amigos y amigas, las salas de reunión de los colectivos de todo tipo (...), las habitaciones de hotel y las de putas (...), los importantísimos blancos del parque zoológico, los caminos a la escuela y las tumbas de las que he presenciado el momento en que son rellenadas, los lugares en los que había espléndidos cafés cuyos nombres, que nosotros pronunciábamos a diario, hoy han desaparecido, las pistas de tenis en las que hoy hay casas de alquiler vacías y las salas adornadas de oro y estuco que los terrores de las clases de baile casi convertían en gimnasio" (1996: 190-191).

Este proyecto de Benjamin sobre las ciudades que habitó o que recorrió en sus viajes, recupera la noción de espacio urbano como territorio hollado de marcas subjetivas, ligadas a vivencias personales, que al ser recorrido despierta la *memoria involuntaria*[53] de quienes inscribieron esas marcas, que probablemente resulten invisibles para otros.

Sin embargo, en tanto la memoria –individual y colectiva– se inscribe espacialmente, la ciudad como trama significante que se despliega en multitud de registros –el trazado de las calles, la arquitectura, los espacios cívicos, las formas que el diseño imprime en diversas superficies– no solamente alberga para sus habitantes marcas biográficas, personales, sino también huellas reconocibles que dan cuenta de un pasado compartido. Monumentos, memoriales, sitios históricos o simplemente espacios devenidos *lugares* a partir de acontecimientos relevantes constituyen el anclaje material de estas memorias.

A diferencia de las marcas que la segunda guerra dejó en la ciudad de Berlín, como consecuencia de los bombardeos sufridos –que en algunos casos son observables aún hoy– la represión ilegal que tuvo lugar en nuestro país durante la última dictadura militar (1976-1983), un terrorismo de Estado que practicó el saqueo, la tortura y dejó miles de muertos y desaparecidos, casi no ha dejado huellas visibles en el espacio urbano (Schindel, 2006).[54] Una de las pocas excepciones es la Casa Museo Mariani-Teruggi –también conocida como "Casa Anahí"– ubicada en la ciudad de La Plata, una vivienda en la que funcionaba una imprenta clandestina, que fue mantenida sin modificaciones, conservando todas las marcas del ataque militar que sufrió al ser descubierta, como testimonio tanto de esa violencia como de la resistencia.[55]

---

[53] A diferencia de la memoria voluntaria que aparece mediante un esfuerzo por recordar, la *memoria involuntaria* constituye el advenimiento de un recuerdo asociado a un estímulo del presente. En la obra de Proust, *En busca del tiempo perdido*, la memoria involuntaria surge como respuesta a las sensaciones producidas en el gusto y el olfato por una magdalena y una taza de té: "Y de pronto el recuerdo surge ... Ver la magdalena no me había recordado nada antes de que la probara: quizá porque había visto muchas...".

[54] Dice Schindel "Cuando se observan las fotos de Berlín bombardeada tras el final de la segunda guerra mundial se ven los restos impiadosos de una ciudad destruida. Esqueletos de edificios derruidos, calles intransitables por los cráteres y montañas de escombros humeantes componen un paisaje arrasado. La monumentalidad de las ruinas mantiene la escala catastrófica de la guerra que le dio lugar. (...) No hay imágenes análogas de la Buenos Aires postdictatorial. A diferencia de una guerra, la desaparición de personas no deja rastros visibles en la ciudad. Método represivo destinado a no dejar rastros, sus efectos atemorizantes son introyectados por los habitantes pero se diluyen en la ciudad sin fijarse en el paisaje" (Schindel, 2006: 52).

[55] Esta casa, donde vivían Diana Teruggi y Daniel Mariani con su hija Clara Anahí, fue atacada el 24 de noviembre de 1976 por las "fuerzas conjuntas" de la dictadura en un operativo del que participaron altos mandos. Diana Teruggi y otros tres hombres que se encontraban en la casa fueron asesinados. La beba, de sólo tres meses, fue ilegítimamente apropiada y su paradero se desconoce

Si bien con el retorno de la democracia algunos de los lugares vinculados a la represión ilegal fueron saliendo a la luz, en especial los ex centros clandestinos de detención, identificados a partir de los testimonios de los sobrevivientes, recién en los últimos años su visibilidad en el espacio público se ha intensificado. Desde los "escraches" organizados por H.I.J.O.S. (Hijos por la Identidad y la Justicia contra el Olvido y el Silencio) hasta la decisión oficial de crear el Museo de la Memoria en el predio en el cual funcionaba la ESMA (Escuela de Suboficiales de Mecánica de la Armada), desde las intervenciones de colectivos de artistas hasta los trabajos coordinados entre vecinos y organismos de derechos humanos, una amplia variedad de acciones, discusiones y estrategias contribuyeron a esa visibilidad.

Partiendo de la concepción del espacio como significante, nos proponemos realizar una lectura socio-semiótica de la ciudad deteniéndonos, en particular, en los modos en los que la historia y la memoria se inscriben espacialmente (Paul Ricoeur: 2004; Marc Augé: 1998). Nos ocuparemos para ello de algunas "marcas territoriales" (Jelin y Langland, 2003)[56] que resultan significativas en el contexto de la ciudad de Buenos Aires, considerándolas narrativas que articulan tanto las memorias individuales como colectivas. Entendemos las narrativas –retomando la conceptualización de Paul Ricoeur (1996)– como un proceso discursivo de puesta en sentido, como lugares privilegiados de construcción de la temporalidad y la experiencia, donde se constituyen subjetividades e identificaciones. Nos interesa sobre todo indagar de qué modo estos espacios, transformados a partir de la intervención gubernamental, vecinal, de organismos de derechos humanos o de artistas, constituyen huellas que no sólo testimonian sino también estimulan la discusión sobre el pasado reciente.

---

hasta el día de hoy. En *La casa de los conejos*, novela recientemente publicada, su autora, Laura Alcoba, narra el tiempo en que, siendo una niña, pasó en esta casa junto a su madre, también militante de Montoneros, mientras se construía y comenzaba a funcionar la imprenta. Alcoba y su madre lograron exiliarse tiempo antes del ataque.

[56] En *Monumentos, memoriales y marcas territoriales*, Jelin y Langland (2003) utilizan esta noción para dar cuenta de la inscripción de la(s) memoria(s) en el espacio urbano, como nexo articulador entre pasado y presente. El libro compila análisis sobre varias *marcas territoriales* de distintas ciudades latinoamericanas.

2. Lecturas de la ciudad

El espacio humano en general, dice Roland Barthes, es significante. De forma análoga a la semantización de los objetos que surge desde su producción y consumo, Barthes sostiene que el espacio urbano se torna significante desde la apropiación vivencial de sus habitantes: "en toda ciudad a partir del momento en que es verdaderamente habitada por el hombre, y hecha por él, existe ese ritmo fundamental de la significación que es la oposición, la alternancia y la yuxtaposición de elementos marcados y elementos no marcados" (1992: 260).

Sin embargo, según el autor, esta dimensión significante del espacio ha sido frecuentemente ignorada. En efecto, las características de la cartografía moderna dan cuenta de la censura que la objetividad –aquella que Benjamin pretendía anular con la creación de su propio mapa marcado biográficamente– ha impuesto sobre la significación del espacio. Las marcas urbanas, en el sentido que queremos darles, son entonces resultantes de espacios atravesados por vivencias, espacios físicos o geográficos que se transforman en *espacios biográficos* (Arfuch, 2005).

En tanto la semiología señala la inexistencia de un significado único podemos decir, entonces, que el espacio urbano es polisémico. Por un lado, porque considerando la perspectiva de Doreen Massey (2005), el espacio es el producto de interrelaciones y está en continua formación, en constante devenir; por el otro, porque los significados son necesariamente diversos según los puntos de vista. Así, la ciudad significa a partir de múltiples lecturas, no sólo de sus habitantes sino también de sus ocasionales visitantes. "La ciudad es un discurso, y este discurso es verdaderamente un lenguaje: la ciudad habla a sus habitantes, nosotros hablamos a nuestra ciudad, la ciudad en la que nos encontramos, sólo con habitarla, recorrerla, mirarla", dice Barthes (1992: 260-1).

Partiendo de la indisociable articulación entre espacio geográfico y tiempo histórico, Ricoeur asegura que "como mejor se percibe el trabajo del tiempo en el espacio es en el plano urbanístico. Una ciudad confronta, en el mismo espacio, épocas diferentes, ofreciendo a la mirada la historia sedimentada de los gustos y de las formas culturales" (2004: 194). En este mismo sentido, Marc Augé sostiene que el espacio urbano está sometido a la historia, pero no sólo a la historia pasada sino también a la historia futura ya que entonces se redefinirán los sentidos de los lugares como producto de nuevas lecturas en otros contextos socio-históricos. Cada recorrido por la traza urbana constituye, entonces, una (re) apropiación individual de la historia. En la ciudad-memoria –denominación elegida por el etnólogo francés para dar cuenta del espacio en el cual se conjugan memoria e historia– "se sitúan tanto los rastros de la gran historia colectiva como los millares de historias individuales" (1998:112). Sin embargo, los rastros de la historia colectiva en la ciudad sólo funcionan como "vehículos de memoria" (Jelin, 2002) a partir del trabajo de rememoración de los sujetos.

Ahora bien, no existe "un pasado" único sino múltiples memorias que resultan de la activación de ese pasado en el presente y en función de un futuro. De este modo, las marcas urbanas como formas narrativas que visibilizan –material y simbólicamente– ese pasado se vuelven objeto de disputa. Para dar cuenta de estos conflictos, tal como se plantean respecto de las marcas urbanas del terrorismo de Estado en la ciudad de Buenos Aires, la perspectiva de James E. Young en torno a la articulación entre arte y memoria pública en los monumentos y memoriales que conmemoran el exterminio nazi es particularmente útil.

Según el autor, los monumentos han sufrido, en el transcurso del último siglo, una transformación. Dado que en ellos se refleja el contexto –tanto socio-histórico como estético– en el cual son creados, han mutado de "los heroicos y autoglorificadores íconos figurativos de fines del siglo XIX, hasta la instalación conceptual anti-heroica, no pocas veces irónica y autodestructiva que señala la incertidumbre y ambivalencia nacional del posmodernismo de fines del siglo XX" (Young, 2000: 82). Así, ciertos monumentos, cuestionando las premisas clásicas de su origen –la rigidez y la certeza sobre la historia– constituyen en la actualidad un escenario en el que se hace visible la lucha por los significados del pasado y pasan a ser definidos entonces, quizás más apropiadamente, como *contramonumentos*:

> "Con una simplicidad audaz –sostiene Young–, el contramonumento se burla (...) de los preciados convencionalismos de los memoriales: su objetivo no es consolar sino provocar, no es permanecer inalterable sino cambiar, no es ser eterno sino desaparecer, no es ser ignorado sino demandar la interacción de quienes lo vean, no es permanecer puro sino invitar a su propia violación y desacralización, no es aceptar cortésmente el peso de la memoria sino transformarse en un reproche al pueblo" (1993:30, la traducción es mía).[57]

---

[57] Los *contramonumentos* nacen a partir de la preocupación de una nueva generación de artistas alemanes frente a la posibilidad de que la memoria de hechos aberrantes como el Holocausto se vea

Así, más allá de sus cualidades artísticas, el monumento público tiene una responsabilidad, debe generar una respuesta, estimular el propio trabajo de la memoria: no meramente consolar o redimir a quienes lo visitan, sino lograr una reflexión que vaya más allá del lugar de su emplazamiento. Sin embargo, y aún desde la idea de *contramonumento*, Young sostiene que el mejor memorial es "el debate siempre irresuelto acerca de qué clase de memoria preservar, cómo hacerlo, en nombre de quién, y para qué fin" (2000: 93).

3. Una marca frente al río

En el espacio urbano, así definido, existen dos tipos de marcas que remiten al pasado traumático. Por un lado, los lugares donde efectivamente ocurrieron los acontecimientos, como los ex centros clandestinos de detención; por el otro, espacios que fueron pensados, diseñados y construidos para conmemorar ese pasado (Jelin y Langland, 2003). El Parque de la Memoria –que pertenece a este último grupo– constituye un hito relevante ya que a partir de su instauración se inician las discusiones en torno a los modos de visibilización de la(s) memoria(s) en el espacio físico de la ciudad. Su emplazamiento en la costanera, frente al Río de la Plata, no es para nada arbitrario: miles de personas fueron arrojadas en aguas profundas en los llamados "vuelos de la muerte".

La iniciativa provino de un grupo de organismos de derechos humanos[58] y fue presentada en la Legislatura de la Ciudad Autónoma de Buenos Aires el 10 de diciembre de 1997, en coincidencia con el día Universal de los Derechos Humanos. El proyecto planteaba la construcción de un monumento a los detenidos-desaparecidos y asesinados por el terrorismo de Estado en la

---

reducida a expresiones de arte o memoriales que obturen su memoria en lugar de impulsarla. La "Fuente de Aschrott", realizada por Horst Hoheisel en Kassel, que recupera –aunque a través de una forma negativa– una fuente que había sido financiada por un empresario judío en 1908 y destruida por los nazis en 1939, y "Bibliotek", de la artista Micha Ullman, en la Bebelplatz de Berlín – un profundo pozo de anaqueles vacíos visibles a través de un vidrio en memoria de la quema de libros– son algunos de los ejemplos de *contramonumentos* analizados por el autor.

[58] Los organismos que presentaron el proyecto fueron: Abuelas de Plaza de Mayo, Familiares de Desaparecidos y Detenidos por Razones Políticas, Madres de Plaza de Mayo, Movimiento Ecuménico por los Derechos Humanos (MEDH), Servicio de Paz y Justicia (SERPAJ), Centro de Estudios Legales y Sociales (CELS), Asamblea Permanente por los Derechos Humanos (APDH) y la Liga por los Derechos del Hombre.

Argentina con el objetivo de "plasmar en un hecho histórico y artístico el encuentro entre un pasado silenciado y un presente de recuperación de la memoria" (Comisión Pro Monumentos a las Víctimas del Terrorismo de Estado, 1999: 7). Algunos meses más tarde, en julio de 1998, el proyecto se convirtió en ley. A partir de la misma se destinaba un espacio en la franja costera del Río de la Plata para la construcción de un paseo público[59] donde se emplazaría un monumento y un grupo de esculturas para rendir homenaje a las víctimas, y se conformaba, además, la Comisión Pro-Monumento que sería la encargada de trabajar sobre el proyecto.

Para la elección de las esculturas que serían emplazadas en la plaza de acceso al parque fue realizado un concurso público. El resultado de la convocatoria superó ampliamente las expectativas ya que fueron presentadas 663 esculturas, procedentes de cuarenta y cuatro países. Entre ellas se eligieron, en noviembre de 1999, las obras ganadoras.[60] La búsqueda de un espectador que ocupe un lugar central y activo en la obra, y no un mero contemplador, fue uno de los criterios más relevantes para la elección. No obstante, la instalación de las esculturas en el parque despertó fuertes críticas. "Parece un cementerio de esculturas" comentó en su momento el artista alemán Horst Hoheisel,[61] quien proponía, en la línea del *contramonumento,* dejar ese espacio vacío y proyectar solamente una luz sobre el río para que el movimiento del agua –donde fueron arrojados los cuerpos– inspire el trabajo de memoria y la reflexión. Por su parte, Graciela Silvestre, historiadora y crítica del la arquitectura, señalaba que no era el valor artístico de las esculturas lo que contaba en la ocasión, sino que toda su importancia estaba dada por las argumentaciones que acompañaban a las obras. Así, ponía un resguardo crítico ante lo que consideraba el riesgo de instituir un "parque temático de la memoria" (2000: 21), donde en lugar de restituir la vida sólo se reforzara el carácter siniestro de los episodios evocados.

Contando con una extensión de catorce hectáreas, el proyecto del Parque, creado con el objetivo de "construir, recuperar y preservar la memoria colectiva para contribuir a evitar que se repitan graves violaciones a los derechos

---

[59] El Parque de la Memoria se inscribía en el programa de recuperación del área de la ribera del Río de la Plata con el fin de integrar esa zona a la Ciudad de Buenos Aires.

[60] Hasta el momento, fueron emplazadas: "Victoria" de William Tucker, "Monumento al escape" de Dennis Oppenheim y una obra sin título de Roberto Aizemberg.

[61] Cfr. "Los monumentos, una forma del olvido", Revista Ñ, 24/7/2007, Pág. 12.

humanos y crímenes de lesa humanidad como los ocurridos en nuestro pasado",[62] incluía, además de las esculturas, tres monumentos: a las Víctimas del Terrorismo de Estado, a las Víctimas del Atentado a la sede de la AMIA y a los Justos entre las Naciones. Hasta el momento, solamente el primero de ellos está en construcción.

El diseño de ese monumento –según la propuesta ganadora–[63] parte de unos muros dispuestos en zig–zag que lo atraviesan marcando un quiebre profundo en tanto "este lugar de memoria no pretende cerrar heridas que no pueden cerrarse ni suplantar la verdad y la justicia" (Comisión…, 1999: 13). Gonzalo Conte y Eduardo Maestripieri, asesores de la comisión, describen el monumento como:

> "una herida abierta [que] atraviesa una colina vacía y despojada, una fractura topológica [que] interrumpe el encuentro entre pampa y río, una calle ceñida por muros que nombran la ausencia se desliza hasta el río inmóvil configurando la primera manifestación visible de la memoria" (Comisión…, 2003: 13).

La "herida", inspirada quizá en la línea que se dibuja en el Museo Judío de Berlín diseñado por Daniel Libeskind, recorre todo el diámetro del semicírculo que conforma el parque. Sobre esos muros se han ido colocando 30.000 placas para evocar a los desaparecidos, aunque muchas de ellas no tienen nombres grabados, "conmemorando así, de manera indirecta, el vaciamiento de identidad que precedió la desaparición" (Huyssen, 2000: 27).[64]

Según Andreas Huyssen el diseño del monumento es "clásicamente modernista por su configuración geométrica y logradamente minimalista tanto por la ausencia de ornamento como de ambición monumental" (2000: 27) y, en este sentido, tiene sensibilidad estética pero está lejos de estetizar una memoria traumática. Con un diseño sencillo –asegura– logra crear un nexo entre la ciudad y el río generando un espacio fecundo para la conmemoración.

---

[62] Cfr. Folleto Parque de la Memoria, Primera Etapa

[63] Se trata del proyecto presentado por el estudio: Baudizzone–Lestard–Varas y los arquitectos asociados Claudio Ferrari y Daniel Becker

[64] En el monumento, inaugurado el 7 de noviembre de 2007, se inscriben 8718 nombres. El resto de las placas permanecen vacías.

También la localización del parque ha sido objeto de debate. En este punto Silvestri y Huyssen acuerdan: para la primera, al estar alejado del movimiento urbano permite la tranquilidad que despierta la reflexión y, no siendo un lugar de paso diario, evita pasar desapercibido. De manera similar, Huyssen opina que ese emplazamiento "evita un amenazante destino de invisibilidad" (2000: 26) al que estaría sometido en medio de la ciudad. Cabe esperar que a la finalización de las obras, el Parque, con sus esculturas y su monumento, se transforme realmente en el sitio de memoria reflexiva e inquisitiva que se pretende estimular.

4. Lugares de la memoria

La ESMA fue sin duda el más emblemático de los centros clandestinos de detención, tanto por la cantidad de detenidos y desaparecidos que alojó como porque allí funcionó también una maternidad clandestina y fue un verdadero centro operativo desde donde se planearon diversas actividades delictivas. En este sentido, en la discusión en torno a su transformación en Museo de la Memoria –en la que se ponen en juego obviamente distintas memorias– "la ESMA" parece haber rebasado su singularidad para transformarse en un emblema: podría decirse que es, al terrorismo de Estado en la Argentina, lo que es Auschwitz en relación con la *Shoá*, una plena condensación significante.

El acto del 24 de marzo de 2004 –aniversario del golpe de Estado– en que, con la presencia del entonces presidente Néstor Kirchner, se oficializó la restitución de todo el predio al Gobierno de la Ciudad para la creación de un "Espacio para la memoria y la promoción y defensa de los Derechos Humanos" puede considerarse un hito de "activación de la memoria" (Jelin: 2002)[65] de innegable importancia material y simbólica. Este acontecimiento se transformó en un doble punto de inflexión: por un lado, esa decisión se convertía en el punto de llegada de una larga lucha de varios organismos de derechos

---

[65] La autora señala que las fechas y los aniversarios constituyen instancias de activación de la memoria, tanto públicamente –conmemoraciones, actos, etc.– como en el ámbito privado. "Son hitos o marcas, ocasiones cuando las claves de lo que está ocurriendo en la subjetividad y en el plano simbólico se tornan más visibles, cuando las memorias de los diferentes actores sociales se actualizan y se vuelven 'presente'" (2002: 52).

humanos; por el otro, no era más que el punto de partida de un intenso debate en torno de qué hacer en ese lugar.

En tanto los cambios políticos siempre parecen venir acompañados de transformaciones en la organización del espacio público (Levinson, 1998), estas transformaciones generan conflictos, disputas en torno a la historia que se quiere narrar.[66] Así, desde que surgió la idea de crear un Museo de la Memoria en la ESMA comenzaron las discusiones en torno de esa narración, sobre las dimensiones que debería ocupar el museo –considerando el gran tamaño del predio[67] y su privilegiada ubicación– y sobre quiénes, cuándo y cómo deberían intervenir.

Desde diversos ámbitos –académicos, mediáticos, políticos, artísticos–, se intentó –y se sigue intentando– responder los interrogantes que esta decisión ha abierto. ¿Para qué debe servir el museo? ¿Qué relatos debe incluir? ¿Cómo lograr referirse –sin estetizar el dolor– a las atrocidades que allí ocurrieron? La pregunta que se trata de responder es, en definitiva ¿cómo abrir las puertas, que encerraron tanto sufrimiento y tanto horror, a la visita pública?

La comisión bipartita encargada del predio, conformada por el Gobierno Nacional y el Gobierno de la Ciudad de Buenos Aires, abrió una convocatoria pública de propuestas. Los organismos de derechos humanos hicieron las presentaciones más acordes a los fines del museo. Por ejemplo, la Comisión de Ex Exiliados Políticos de la República Argentina pidió que algunas salas estén dedicadas a quienes tuvieron que abandonar el país, para utilizarlas para archivo o exhibición. La asociación de Ex Detenidos Desaparecidos sos-

---

[66] El autor analiza la repercusión que tuvieron en los monumentos públicos los vaivenes políticos de los países del ex bloque socialista. También se ocupa del impacto de las luchas socio–políticas en monumentos y nombres de calles en algunas ciudades de los Estados Unidos y Nicaragua. Dice: "Algo tan simple como dar nombre a una calle puede convertirse en un acto eminentemente político" (Levinson, 1998: 22, mi traducción)

[67] Esta cuestión ha despertado una de las discusiones más fuertes. Dadas las grandes dimensiones del predio –ocupa 17 hectáreas y alberga más de treinta edificios– algunos propusieron la coexistencia del museo con los institutos de formación naval que allí funcionaban. Aunque solamente el Casino de Oficiales estuvo afectado directamente al funcionamiento del centro, mientras el resto funcionaba con "normalidad", la idea de compartir el espacio con la Armada resultaba inadmisible para los organismos de derechos humanos. Finalmente, el 5 de agosto de 2004 fue ratificado el convenio con la restitución total de los terrenos a la Ciudad –su propietaria histórica-, el 15 de marzo de 2006 se realizó el segundo traspaso de una parte del predio y actualmente está desalojada la totalidad

tiene en su proyecto que se debe "preservar la ESMA como testimonio material del genocidio perpetrado en Argentina en las décadas del ′70 y ′80 –a través de la reconstrucción y representación histórica de su funcionamiento como centro clandestino de desaparición y exterminio– y como prueba para juzgar a los responsables de los crímenes que allí se cometieron" (*Página/12*, 23/10/2005).[68]

Si el objetivo del museo es proporcionar "una narración –como sostenía el diario *Página/12* el 15 de marzo de 2004– sobre lo ocurrido durante la última dictadura", tanto o más importante que lograr el consenso de "una narración" es valorar el recorrido que se transita para llegar al acuerdo. En este sentido, se han expresado algunos teóricos y artistas. Para Héctor Schmucler, por ejemplo, debe ser un espacio que incentive el pensamiento y que no trabaje desde la búsqueda de la identificación para luego tranquilizar la conciencia. De esta forma, su propuesta, lejos de impulsar la intervención inmediata, sugiere dejar el predio tal cual está y colgar un gran cartel en la entrada, sobre una de las avenidas más intensamente transitadas de la ciudad, con la pregunta "¿cómo fue posible?".[69] En esta misma línea, el artista Horst Hoheisel, quien se ha interiorizado en la problemática de la ESMA y del resto de los ex centros clandestinos, valoriza la importancia del debate público sobre la historia reciente por sobre la apresurada representación de esos hechos. Propone que se les permita a sobrevivientes y familiares de víctimas dar sus opiniones, que sean esas memorias individuales las que tengan la prioridad y que, fundamentalmente, se mantenga abierta la discusión, por lo menos, durante una década. Es decir, sólo un debate plural, prolongado en el tiempo, y un profundo trabajo con archivos y documentos asegurará que no se obture la memoria. El desafío al que debería enfrentarse el museo, entonces, es no caer en la clausura de "un sentido", sino posibilitar nuevas lecturas y relecturas para que la memoria se mantenga en movimiento, lejos de su cristalización.[70]

---

[68] También hubo otras propuestas que fueron rápidamente descartadas como la sugerencia de crear un jardín de plantas nativas, enviada por un naturalista o la petición de un espacio para instalar una cancha de fútbol, realizada por el Club Defensores de Belgrano.

[69] Schmucler opinó sobre la refuncionalización de la ESMA en el Coloquio Internacional sobre Políticas Públicas de la Memoria Colectiva organizado por la Comisión Provincial por la Memoria, La Plata, 3 septiembre de 2004.

[70] En la actualidad pueden visitarse tres edificios del predio: el Casino de Oficiales, donde funcionó el centro de detención, vacío y mantenido sin modificaciones, intervenido únicamente con paneles

Si bien la ESMA fue el de mayor relevancia, todos los ex centros clandestinos de detención resultaron imprescindibles para la implantación del terrorismo de Estado. En toda la Argentina funcionaron más de 340,[71] muchos de ellos en distintos barrios de la ciudad de Buenos Aires así como en el Gran Buenos Aires y en otras ciudades del interior, ubicados en medio del entramado urbano. En torno a estos lugares, que fueron posteriormente identificados gracias a las denuncias de familiares y testimonios de los detenidos,[72] se ha ido dando un paulatino involucramiento barrial y vecinal, alentados por grupos de derechos humanos, asociaciones de ex detenidos o de familiares de detenidos-desaparecidos de dichos centros.

Ubicado en el barrio de San Telmo, entre las calles Cochabamba, Azopardo, San Juan y Paseo Colón, el "Club Atlético" funcionó en el sótano de un edificio del Servicio de Aprovisionamiento y Talleres de la División Administrativa de la Policía Federal, entre enero y diciembre de 1977, cuando fue demolido para la construcción de la autopista 25 de Mayo. En tanto no habían quedado rastros visibles sino un espacio vacío, la confirmación de que el centro había existido allí solo podía lograrse a partir de trabajos de excavación. Si bien la búsqueda de esta evidencia material fue impulsada por sobrevivientes y organismos de derechos humanos desde el retorno a la democracia, en 1983, recién se logró concretar en abril de 2002.

Una vez comprobada la existencia del centro, se decidió no sólo continuar con los trabajos de recuperación arqueológica sino también iniciar la re-

---

explicativos de su funcionamiento, y otros dos en los que funcionan el Espacio Cultural "Nuestros Hijos", perteneciente a la Asociación Madres de Plaza de Mayo y el Centro Cultural "Haroldo Conti".

[71] El informe de la CONADEP habla de 340 centros, sin embargo, algunas fuentes contabilizan alrededor de 500. (Cfr. *El porvenir de la memoria*, Documento del 2 Coloquio Interdisciplinario de Abuelas de Plaza de Mayo:2005)

[72] Según el informe *Nunca más*: "La reconstrucción de los C.C.D. se logró sobre la base de cientos de testimonios aportados por liberados que estuvieron durante un tiempo más o menos prolongado en la condición de detenidos-desaparecidos. La asombrosa similitud entre los planos que bosquejaron los denunciantes en sus legajos y los que resultaron en definitiva del posterior relevamiento del lugar a cargo de los arquitectos y equipos técnicos que intervinieron en las inspecciones y reconocimientos efectuados por la Comisión, se explica por el necesario proceso de agudización de los otros sentidos y por todo un sistema de ritmos que la memoria almacenó minuciosamente, a partir de su "aferramiento" a la realidad y a la vida. En esos "ritmos" eran esenciales los cambios de guardias, los pasos de aviones o de trenes, las horas habituales de tortura. En cuanto al espacio, fue determinante la memoria "corporal": cuántos escalones debían subirse o bajarse para ir a la sala de tortura; a cuántos pasos se debía doblar para ir al baño; qué traqueteo giro o velocidad producía el vehículo en el cual los transportaban al entrar o salir del C.C.D., etc." (2005: 60)

construcción histórica a partir de documentos y testimonios.[73] La intención de quienes participan de ese proyecto es la identificación de ese lugar en el contexto del barrio y de la ciudad así como tejer redes con agrupaciones locales, para no limitar la memoria a ese espacio físico sino extenderla a su entorno urbano.

En este sentido, las acciones desarrolladas para marcar el lugar habían comenzado tiempo antes organizadas por la agrupación "Encuentro por la memoria" con el apoyo de organismos de derechos humanos, sobrevivientes, familiares y artistas. En la "Primera Jornada por la Memoria", realizada en julio de 1996 se instaló un grupo escultórico en uno de los pilares de la autopista, que fue destruido anónimamente en la madrugada del día siguiente. Quizás, dice E. Jelin (2000), este olvido que se intentó imponer a partir de la destrucción tuvo, paradójicamente, un efecto revitalizador y multiplicador de las memorias. No sólo el tótem fue reconstruido en el marco de una marcha de repudio algunos días después, sino que las jornadas continuaron año tras año dejando nuevas marcas: se instaló una placa recordatoria, se dibujó sobre el talud de la autopista una silueta, se instaló señalética para reforzar la presencia del lugar.

"El Olimpo" es otro centro de detención, ubicado también en el barrio porteño de Floresta. Funcionó desde agosto de 1978 hasta enero de 1979, en un predio que pertenecía a la División Automotores de la Policía Federal, ubicado en Ramón Falcón entre Lacarra y Olivera. Muchos de los detenidos que albergó en un primer momento provenían de "El Banco", centro al cual habían sido derivados los detenidos del "Club Atlético" luego de su demolición. También provenían del "Atlético" tanto las instalaciones como los grupos de tareas que trabajaban allí.

Estos dos lugares, vinculados operativamente desde su funcionamiento como centros clandestinos de detención, fueron declarados sitios históricos: "El Atlético" el 26 de agosto de 2004; "El Olimpo" el 4 de octubre del mismo año. Al igual que en el primero, la "marcación" del "Olimpo" se debe al impulso constante de los vecinos, quienes han impulsado el desalojo de

---

[73] Las entrevistas realizadas a los ex detenidos del centro brindaron datos que aportaron al trabajo de los arqueólogos. Gracias a ellos, por ejemplo, se han podido identificar entre los objetos que se encontraban los que pertenecían al funcionamiento del centro y distinguirlos de aquellos que eran material de relleno utilizado en la construcción de la autopista.

la policía del predio y han debatido sobre cuál debe ser su destino. En el fin de semana del 26 y 27 del noviembre de 2005, "El Olimpo" abrió sus puertas por primera vez al público con una muestra de fotografías sobre el "Club Atlético".

5. Marcas (del diseño) efímeras y callejeras

Algunas de las marcas anteriormente mencionadas fueron resultado de acciones efímeras, destinadas a llamar la atención sobre la presencia de estos lugares en la trama urbana, acciones en las cuales el diseño informal, alternativo, de agitación política, de apelación a la memoria colectiva, capaz de "despertar conciencias" sobre acontecimientos traumáticos, de dar otro sentido a los recorridos maquinales y cotidianos, de solicitar respuestas más allá del simple pasar, ha tenido y tiene un papel de toda importancia, digno de destacar cuando se plantea el interrogante sobre la "función social del diseño". Entre ellas, quizás la más importante debido a lo novedoso de su metodología y a las repercusiones que generó, fue el "escrache". Esta práctica –cuyo nombre adoptado del lunfardo significa poner en evidencia algo que está oculto– consiste en denunciar la presencia de un genocida en su barrio de residencia o lugar de trabajo mediante afiches, pintadas en el asfalto, carteles, *stencils*, movilizaciones que en muchos casos incluyen murgas, dramatizaciones, etc. Cada "escrache" –ya no tan habituales en la actualidad– suponía una organización particular, desarrollada por la Mesa de Escrache Popular – que nuclea a diversas agrupaciones, entre ellas H.I.J.O.S.[74]

Otro integrante de la Mesa de Escrache Popular es el Grupo de Arte Callejero (GAC) que ha trabajado sobre novedosas formas de articulación entre arte y memoria en el espacio urbano. Entre sus obras más reconocidas están los carteles inspirados en la señalética oficial, pero que cambian los contenidos para informar, por ejemplo, la distancia a un ex centro clandestino de detención.[75] Otras de sus obras son los mapas "Aquí viven genocidas", planos

---

[74] Uno de los últimos fue llevado a cabo en marzo de 2006, en el trigésimo aniversario del golpe de Estado y tuvo como objetivo marcar la casa del dictador Videla, uno de los integrantes de la Junta Militar, en el barrio porteño de Palermo.

[75] Estas piezas fueron seleccionadas para formar parte del Parque de la Memoria. Aunque aún no han sido colocadas, podemos decir que la voluntad de que estas piezas integren el parque resulta extraña en tanto su fuerza reside justamente en ocupar el lugar de la señalética oficial en la ciudad.

de la traza urbana de la ciudad y del Gran Buenos Aires con señalizaciones en rojo que no indican sitios de interés turístico sino domicilios de los represores y ex centros clandestinos de detención.

Asimismo, existen otras experiencias desarrolladas a partir del trabajo en los barrios. El encuentro de organizaciones "Memoria y justicia en los barrios", por ejemplo, busca recuperar la militancia de los desaparecidos, algo que hasta no hace tanto tiempo era infrecuente,[76] a partir de la colocación de baldosas en los lugares en los que vivían, estudiaban o trabajaban, para marcar así esos espacios de pertenencia y rescatar sus historias de militancia.

Las marchas y actos públicos constituyen otra forma de visibilización urbana –aunque efímera– de la memoria. "Como un monumento caminante, las marchas de las Madres de Plaza de Mayo son el modo más poderoso en que la memoria de los desaparecidos transformó el espacio público de Buenos Aires", dice Schindel (2006:64).[77] Aunque las rondas de la plaza, a lo largo de tantos años, sean la expresión más emblemática, existen otras, como la "Marcha de las Antorchas", que se realiza cada diciembre en San Telmo. En un recorrido por el barrio, los manifestantes se detienen en las viviendas o lugares de trabajo de los desaparecidos/as para recordar sus nombres y edades, sus estudios y trabajos, su militancia política, las circunstancias del secuestro.

6. A modo de conclusión

"Las ciudades –dice Huyssen– son palimpsestos de historia, encarnaciones del tiempo en la materia, sitios de memoria" (2000: 26). Y como espacios significantes, las modalidades en que la memoria tanto individual como co-

---

[76] En términos generales, la militancia no aparecía habitualmente en los relatos sobre los desaparecidos y, en algunos casos, incluso era negada por sus familiares. La aparición en la esfera pública de los hijos que retoman los ideales de la militancia de sus padres motiva la recuperación de esta temática. Sin embargo, otros hijos se muestran críticos respecto de la militancia de sus padres (Ver, *Los Rubios*, película de Albertina Carri y *Papá Iván* de María Inés Roqué, entre otros).

[77] Lo efímero de las rondas ha sido, en parte, materializado ya que los pañuelos blancos, símbolos de las Madres, se imprimieron en el piso de la Plaza de Mayo, alrededor de la pirámide. Dice Ludmila da Silva Catela: "Junto a la histórica Pirámide de Mayo, junto a estatuas de héroes nacionales, esas borrosas pinturas han pasado a competir con otros emblemas de la Nación, han sido incluidas, a la fuerza, en medio de disputas y conflictos, en el panteón de lo que debe ser recordable nacionalmente. Los pañuelos han pasado a ser un símbolo de diálogo con la Nación".

lectiva se inscribe –y también se lee– son múltiples y diversas. Cada marca urbana de la memoria deviene visible a partir del desarrollo de estrategias que conllevan debates diferentes. Sin duda, las discusiones que se generan en torno a los sitios diseñados para conmemorar el pasado son diferentes a los que se dan en los espacios atravesados por las vivencias del horror, cargados con las experiencias imborrables de quienes pasaron por allí y pudieron salir y los recuerdos de los que no lograron sobrevivir.

Las marcas a las que nos referimos aquí tienen en común el esfuerzo por "rehumanizar" a los desaparecidos, rescatarlos del anonimato, de la negación de la identidad a la que fueron sometidos como condición necesaria en el proceso de su desaparición, dar vida a la cifra que, aunque impactante, no deja de ser en cierto modo intangible. En este sentido, la visibilidad de estos lugares implica recuperar los nombres, las historias y también las pasiones. Y, en tanto estas iniciativas buscan la restitución de la identidad robada, contribuyen a generar lugares que suplanten, de algún modo, las tumbas –y los cuerpos– que faltan.

La mayor visibilidad, junto con el progresivo involucramiento vecinal, hace que estos lugares dejen de estar puertas adentro para vincularse con su entorno y con otros barrios. En esa apertura, en esa vinculación, y más allá de la ardua y sensible tarea de diseñar monumentos –y contramonumentos–, el diseño informal, juega, como vimos, un papel protagónico, con su carácter disruptivo, desafiante, cuestionador, con su poder de interpelación y conmoción, con su aptitud para reacentuar creativamente formas y giros de lo popular invistiéndolos de profundos contenidos éticos y políticos. Así, contribuye en buena medida a la transformación de los lugares en *vehículos de la memoria*, enfatizando más la densidad y el constante bullir de la experiencia –pasada y presente– que el vacío inerte de la materialidad.

Referencias bibliográficas

ALCOBA, L. (2008), *La casa de los conejos*, Buenos Aires, Edhasa.

AAVV, (2005), *El porvenir de la memoria*, 2° Coloquio Interdisciplinario de Abuelas de Plaza de Mayo.

ARFUCH, L. (comp.) (2002), *Identidades, sujetos y subjetividades*, Buenos Aires, Prometeo.

————— (2005) "Cronotopías de la intimidad", en Arfuch, L. (comp.): *Pensar este tiempo. Espacios, afectos, pertenencias*, Buenos Aires, Paidós, pp. 237-290.

AUGÉ, M. (1998), *El viaje imposible. El turismo y sus imágenes*, Barcelona, Gedisa.

BARTHES, R.(1992), "Semiología y urbanismo" en *La aventura semilógica*, Barcelona, Paidós, pp. 257-266.

BENJAMIN, W. (1996), "Crónica de Berlín", en *Escritos autobiográficos*, Madrid, Alianza Universidad.

COMISIÓN NACIONAL SOBRE LA DESAPARICIÓN DE PERSONAS (CONADEP) (1985), *Nunca Más*, Buenos Aires, EUDEBA.

COMISIÓN PRO MONUMENTO A LAS VÍCTIMAS DEL TERRORISMO DE ESTADO (1999), *Concurso de Esculturas Parque de la Memoria*, Buenos Aires, EUDEBA.

COMISIÓN PRO MONUMENTO A LAS VÍCTIMAS DEL TERRORISMO DE ESTADO (2003), *Proyecto Parque de la Memoria*, Buenos Aires.

HUYSSEN, A. (2000), "El Parque de la Memoria. Una glosa desde lejos" en *Punto de Vista*, N° 68, diciembre, pp. 25-28.

JELIN, E. (2000) "Memorias en conflicto", *Puentes*, N° 1, agosto, pp. 6-13.

————— (2002) *Los trabajos de la memoria,* Madrid, Siglo XXI.

JELIN, E. y LANGLAND, V. (comps.) (2003) *Monumentos, memoriales y marcas territoriales*, Madrid, Siglo XXI.

LEVINSON, S. (1998), *Written in stone. Public monuments in changing societies*, Durham, Duke University Press.

MASSEY, D. (2005), "La filosofía y la política de la espacialidad: algunas consideraciones" en Arfuch, L. (comp.) *Pensar este tiempo. Espacios, afectos, pertenencias*, Buenos Aires, Paidós, pp. 101-127.

RICOEUR, P. (1996), *Sí mismo como otro*, Barcelona, Siglo XXI.

————— (2004), *La memoria, la historia, el olvido*, Buenos Aires, Fondo de Cultura Económica

SCHINDEL, E. (2006), "Las pequeñas memorias y el paisaje cotidiano: cartografías del recuerdo en Buenos Aires y Berlín" en Macón, C. (coord.) *Trabajos de la memoria. Arte y ciudad en la postdictadura argentina*, Buenos Aires, Lado Sur, pp. 52-73.
SILVESTRI, G. (2000), "El arte en los límites de la representación" en *Punto de Vista*, N° 68, diciembre, pp. 18-24.
YOUNG, J. (1993), *The texture of memory. Holocaust, Memorials and Meaning*, Michigan, Yale University Press.
——————(2000), "Cuando las piedras hablan" en *Revista Puentes*, N° 1, agosto, pp. 80-93

PARTE II

Volviendo a los clásicos

¿Antes del significado?
Algunos interrogantes sobre el concepto de código en Ferdinand de Saussure

Julián Vazeilles

> *La noción de un deslizamiento incesante del significado bajo el significante se impone pues –la cual F. de Saussure ilustra con una imagen que se parece a las dos sinuosidades de las Aguas superiores e inferiores en las miniaturas de los manuscritos del Génesis. Doble flujo donde la ubicación parece delgada por las finas rayas de lluvia que dibujan en ella las líneas de puntos verticales que se supone que limitan segmentos de correspondencia.*
> Jacques Lacan. *Escritos I*

1.

Según nos lo indican sus discípulos en el *Curso de Lingüística General*, Ferdinand de Saussure (1994) tuvo el atrevimiento de atribuirse la paternidad de una disciplina científica prácticamente inexistente y que de hecho estaba por hacerse: la semiología. Claro está que dejó planteados los fundamentos de su revolucionaria teoría lingüística y será esta disciplina la que, según el proyecto de Saussure, se encargará de regir y dotar de principios esenciales a la disciplina semiológica por venir. No es casual entonces que comencemos por el lingüista ginebrino al proponernos poner en cuestión el concepto de código. En efecto, los desarrollos ulteriores de la disciplina semiológica[78] re-

---

[78] Nos referimos aquí a algunas de las vertientes de la disciplina en Europa continental, específicamente a los conjuntos de pensadores generalmente agrupados dentro del estructuralismo francés, el "Círculo lingüístico de Moscú" y la "Escuela de Praga".

cogieron el envite saussureano, y sus clásicas formulaciones sobre la naturaleza de la lengua han devenido un pilar fundamental para la disciplina.

Abordando muy sintéticamente el concepto de lengua, podemos afirmar que ésta –desde una perspectiva sincrónica– constituye un juego de diferencias o de posiciones relativas y relacionales, o en otros términos, un conjunto de signos organizados como sistema. La lengua, en tanto instrumento de la comunicación, es un sistema de signos con vistas a expresar ideas. Mas no se limita a expresarlas, sino que las constituye, las conforma al ser la lengua quien organiza y da *forma* al pensamiento, pues para Saussure, el pensamiento humano prelingüístico es caótico, amorfo e indiferenciado. Sin embargo, el desorden prelingüístico que nos presenta el autor no es de modo alguno un caos absoluto, sino que comporta cierta organización, al estar conformado por *dos* "masas amorfas": por un lado la masa o el plano indefinido de las ideas "confusas"; por el otro, el "no menos indeterminado" de los sonidos percibidos.

Este particular ordenamiento del caos –ya dividido en dos dimensiones– es algo que el autor toma como presupuesto, es decir, que lo da por sentado sin necesidad de justificarlo teórica o empíricamente. La lengua, al efectuar su ordenamiento de las "masas amorfas", da forma, en el campo de las ideas, mediante relaciones opositivas o diferenciales, a los significados de los signos que la componen, mientras que en el de los sonidos "confusos", las imágenes acústicas o significantes. Y tal como es sabido, luego cada uno de los significantes es articulado con un significado, en una unión arbitraria[79] y necesaria a la vez.

Encontramos entonces que el supuesto caos prelingüístico está estructurado a partir de la oposición de lo sensible –lo que podemos percibir mediante nuestros sentidos: aquí las huellas mentales de los sonidos[80], las

---

[79] Como es sabido, la arbitrariedad del singo lingüístico según Saussure consiste en el carácter *inmotivado* de la articulación significante–significado. Dicho de otro modo, no hay ningún lazo natural, racional u ontológico que justifique dicha unión, por ello es "arbitraria" o "inmotivada" la articulación de cada significante con su respectivo significado en un estado determinado de una lengua. Las formas que asumen dichos enlaces descansan pura y exclusivamente en el carácter convencional de la lengua, en sus usos y aprendizajes compartidos por los miembros de una misma comunidad lingüística.

[80] Saussure toma a la lengua oral como objeto privilegiado de estudio, es por este motivo que las percepciones mentales serán básicamente auditivas. De todos modos también contempla percepciones en la lengua de índole visual, que corresponden a la escritura. Sin embargo, ésta comporta

imágenes acústicas o significantes– y lo inteligible –lo que podemos pensar mediante nuestra razón, significados o conceptos–. Saussure afirma que el rasgo esencial de la lengua es su facultad de articular conceptos con elementos que percibimos sensorialmente. Así, en la lengua, que toma por objeto de estudio, los elementos sensibles son los sonidos percibidos –imágenes acústicas. Sin embargo, que sean las imágenes acústicas el elemento perceptivo del que la lengua se sirve no es lo esencial en términos semiológicos– en otros sistemas de signos, como las señales de tránsito por ejemplo, esa articulación se da con otro elemento perceptivo, como la luz y el color. Lo que sí es esencial en el sistema de la lengua es su facultad de articular lo sensible con lo inteligible para que la significación tenga lugar. Para sintetizar, formularemos aquí una definición muy simple de "código" semiológico, como punto de partida elemental que nos permitirá futuras problematizaciones en este trabajo: llamaremos código a toda convención instituida socialmente en la cual, mediante una organización sistemática, determinados rasgos seleccionados de superficies significantes percibidas son articulados a conceptos.

Ahora bien, esta definición resulta algo abstracta, y además ¿qué nos dice Saussure acerca de su funcionamiento efectivo en la comunicación humana concreta? Notemos que en la definición anterior hemos señalado que el código es una institución de carácter social.

Saussure, como es sabido, distingue entre lengua, como la parte social del lenguaje –los signos como articulaciones de significados y significantes que conforman el código–, y el habla, acto individual surgido a partir de la voluntad y la inteligencia del individuo hablante. Al lingüista, por motivos que no abordaremos aquí, solo le interesa estudiar la lengua, y esta decisión teórica va a teñir su forma particular de entender la comunicación humana efectiva. Al ser el habla, como práctica o interacción entre dos individuos, dejada de

---

en el pensamiento saussureano un carácter meramente secundario y menor respecto de la lengua oral. La escritura solamente se limita a dejar plasmada la oralidad en sus enunciados escritos. Se trata de un medio para hacer perdurar en el tiempo a las palabras dichas, para "almacenarlas" y transmitirlas impolutas más allá de su contexto de enunciación. Puede en ocasiones suceder que algunas formas escritas dejen de corresponder a expresiones orales de la lengua. En ese caso la escritura deja de cumplir su función esencial, representar la oralidad, y deviene según Saussure un "parásito", una desviación a corregir y no una inflexión específica de la significación. Al respecto, remitimos a J. Derrida (1998) para una crítica no solo de la atribución de un carácter "parasitario" y derivado a la escritura en la lógica de la significación sino también para una interrogación capital de la significación en tanto tal.

lado como objeto de conocimiento, las preguntas por los modos en los que discurre la acción de tomar la palabra y dirigirla a un Otro –real o imaginario– y sobre todo, por las incidencias de esto último en la significación, no resultan pertinentes. Al caracterizar la comunicación, Saussure pondrá el foco de atención en la parte social del lenguaje, la lengua, como conjunto de convenciones instituidas y heredadas por la masa de hablantes que conforman una comunidad lingüística. Así pues, a grandes rasgos, podemos afirmar que lo que intercambian los individuos cuando "hablan" son exclusivamente los significados codificados por la lengua –de un espacio y un tiempo determinados–. El vehiculo de ese intercambio son los significantes y esto es posibilitado por las relaciones sintagmáticas y paradigmáticas que el depósito institucional de la lengua provee.

La lengua –el código– entonces consistirá en un recorte particular del fenómeno del lenguaje, de la parte psíquica –y social–, el dominio de las articulaciones entre conceptos e imágenes acústicas. Y las imágenes acústicas o significantes en este esquema son medios para la transmisión de los significados.

2. ¿Cuál es el significado del significado?

El significado y el significante "están íntimamente unidos y se requieren recíprocamente"[81], por ello estamos en condiciones de señalar que esta articulación no solamente es arbitraria, sino necesaria: los significantes están para expresar los conceptos, y viceversa, los conceptos solamente pueden ser expresados mediante los significantes. Estos últimos traen a los conceptos al plano de lo representable. La definición teórica del significante presente en el *Curso de lingüística general* –y desarrollada luego por el Círculo Lingüístico de Praga– no nos resulta problemática: éstos consisten en una serie de fonemas, entendidos éstos como unidades mínimas de sonidos pronunciables y audibles cuya articulación forma los significantes. Ahora bien, ¿qué es el significado? Frente a este interrogante, el texto nos ofrece solamente escasas consideraciones de carácter muy general y breve: en el pasaje en el que define

---

[81] *Op. cit.*, p.103.

el signo lingüístico, al contraponer al significante con el significado, a este último solo le atribuye la cualidad de ser "algo más abstracto" que la imagen acústica.[82] Otra breve aproximación hacia la definición de la naturaleza del significado la encontramos cuando desarrolla su célebre noción de valor lingüístico. Allí, contrapone las "ideas confusas" que conforman a las masas amorfas (véase *supra*) con las ideas que ya son significados, a las cuales somos "capaces de distinguir de una forma clara y constante".[83] Podríamos excusar a Ferdinand de Saussure por la escasa extensión dedicada a responder a esta pregunta ya que él mismo sostiene que su objeto de estudio no lo constituye ni la percepción pura ni las ideas puras, tomadas cada una de forma aislada. Sí lo es el punto de convergencia y articulación entre ambas, esa suerte de superficie de contacto entre los dos aspectos mentales, el sensible y el inteligible. Esto es la lengua, un conjunto de articulaciones, que necesariamente implica la relación de las dos dimensiones. Preguntarse solamente por los conceptos y su naturaleza y no por la instancia de la articulación de los significados con las imágenes acústicas pertenecería al campo de estudios de la psicología pura y no al de la lingüística, argumenta Saussure.

No obstante, encontramos, en el corazón de la definición del signo –y por ende, del código de la lengua–, un punto ciego no explicado y asimismo una asimetría, en tanto que la noción de significante está mucho más desarrollada que la de significado, que permanece prácticamente muda.

Saussure nos dice que no hay ideas o conceptos anteriores a la lengua, sino que, las mismas relaciones diferenciales de la lengua los conforman. Sin embargo, no habría una indiferenciación absoluta en el campo amorfo de lo

---

[82] *Op. cit*, p. 102. "El signo lingüístico une no una cosa y un nombre, sino un concepto y una imagen acústica. Esta última no es el sonido material, cosa puramente física, sino la psíquica de ese sonido, la representación que de él nos da el testimonio de nuestros sentidos; esa representación es sensorial, y si se nos ocurre llamarla 'material' es solo en ese sentido y por oposición al otro término de la oposición, el concepto, generalmente más abstracto."

[83] *Ídem.*, *op. cit*, p. 159. Citamos íntegramente : « Psicológicamente, y haciendo abstracción de su expresión por las palabras, nuestro pensamiento no es más que una masa amorfa e indistinta. Filósofos y lingüistas han coincidido siempre en reconocer que sin la ayuda de los signos seríamos incapaces de distinguir dos ideas de una forma clara y constante. Considerado en sí mismo, el pensamiento es como una nebulosa donde nada está delimitado necesariamente. No hay ideas preestablecidas, y nada es distinto antes de la aparición de la lengua. Frente a este reino flotante, ¿ofrecerían por sí mismos los sonidos entidades circunscriptas de antemano? Tampoco. La sustancia fónica ya no es fija ni rígida ; no es un molde a cuyas formas el pensamiento deba adaptarse necesariamente, sino *una materia plástica que se divide a su vez en partes distintas para suministrar los significantes que el pensamiento necesita.* » (destacados nuestros)

inteligible, no habría un vacío radical sino una yuxtaposición de "ideas confusas", confusas, sí, pero de algún modo ya "ideas", aunque de forma incompleta o sin su determinación última. A éstas la lengua mediante su organización termina de delimitar, de determinar y les otorga el estatuto de conceptos, que se caracterizan por ser claros, distintos y constates.

A partir de esto podemos preguntarnos: ¿Habría entonces una suerte "partículas elementales" del pensamiento, o de esa "materia plástica" tal como las denomina el autor, anteriores a la lengua, a las cuales la última organiza, posiciona y diferencia? Si bien no se trataría de conceptos absolutamente delimitados, ¿podrían ser contenidos conceptuales anteriores a la lengua, una "materia prima" ya preestablecida que el juego de diferencias de la lengua articula y por ese mismo hecho termina de definir? El citado texto de Saussure no nos daría elementos explícitos para responder afirmativamente a estas preguntas, aunque pareciera sugerir que sí habría algo conceptual previo al juego de las diferencias.

Saussure postula que los contenidos de los significados no tienen nada substancial sino que son producto de relaciones con otros contenidos, son una mera forma negativa, al ser lo que los demás no son. En consecuencia, los contenidos son el resultado de su posición dentro la totalidad solidaria de los elementos del sistema. Sin embargo, cuando recurre a ejemplos empíricos, daría a entender que en las relaciones diferenciales habría una suerte de reparto de algo preexistente. Veamos el siguiente extracto del curso:

> "En el interior de una misma lengua todas las palabras que expresan ideas vecinas se limitan recíprocamente: sinónimos tales como recelar, temer, tener miedo no tienen valor propio más que por oposición, *si recelar no existiera, todo su contenido iría a parar a sus rivales*." (Saussure, 1994: 164, destacados nuestros)

¿Por qué el contenido conceptual –porque de eso se habla en el parágrafo del extracto, del valor en su aspecto conceptual– debe permanecer en la lengua e "ir a parar" a sus rivales y no simplemente desaparecer, al tratarse de una mera posición negativa, sin sustancia, solo sostenida por su relación con los demás signos? Parecería ser que habría un conjunto de contenidos imprescindibles y anteriores al ordenamiento de la lengua, y este último constituiría en un reparto de dichos contenidos. Veámoslo nuevamente en esta otra cita: "El francés dice indistintamente *louer* (alquilar) para "tomar" o "dar en alquiler", allí donde el alemán emplea dos términos: *mieten* y *vermieten*; no hay pues correspondencia exacta de valores."[84] Por momentos –podríamos proseguir con citas de otros ejemplos similares–, pareciera inferirse del *Curso de lingüística general* que la única diferencia entre las lenguas sería la división disímil de lo mismo.

El concepto o significado se nos aparece en los postulados de Saussure como enigmático, si lo interrogamos acerca de los fundamentos y procedimientos involucrados en su conformación mediante relaciones diferenciales. Realicemos ahora un salto de registro discursivo, dejando por un instante la lectura de Saussure para poner en escena una práctica trivial y harto conocida. Si quisiéramos aprender el significado de una palabra desconocida –para nosotros en ese momento consistirá en un significante "desnudo", del que ignoramos su articulación con el significado establecida por la lengua–, sería muy probable que, si dispusiéramos de él, la buscáramos en el diccionario. Lo que nos ofrece como respuesta el diccionario es, en rigor, *otros significantes*, que desde el punto de vista saussureano estarían articulados a sus respectivos significados, y podríamos repetir al infinito el mismo procedimiento de búsqueda de significados con los significantes de las definiciones encontradas. Esta operación no quita que no nos podamos hacer una idea "clara y constante" de un concepto o significado en particular buscado, pero en lugar de esclarecernos la noción del concepto, de ofrecernos una delimitación teórica, nos distanciaría aún más de encontrar de una respuesta.

En este punto entonces, podríamos señalar de modo hipotético que el obstáculo epistemológico[85] para intentar esbozar respuestas desde el pensamiento de Saussure sería la dicotomía entre lo sensible y lo inteligible –sobre la que se basa la definición de signo. Por supuesto que por la modesta medida de este trabajo no pretendemos llevar a cabo un desarrollo de este gran problema de la filosofía, simplemente nos limitaremos a plantear algunas preguntas relativas a nuestro tema. Lo que sugerimos aquí es que el pro-

---

[84] *Ídem*, p.165.
[85] El concepto de obstáculo epistemológico lo tomamos en préstamo de Gastón Bachelard (1972: 15–16). El obstáculo constituye un concepto o un conocimiento previo que si bien en el momento de su formulación hizo posible responder algunos interrogantes, limita la posibilidad actual la resolución de problemas cognoscitivos. Esta concepción del saber no pretende un conocimiento positivo de la realidad, sino buscar nuevas maneras de interrogar la complejidad de lo real. El movimiento del pensamiento llevará a descartar obstáculos epistemológicos y con ello postulará indefectiblemente otros obstáculos más complejos.

blema consiste en su carácter dicotómico, esto es, como una oposición excluyente, y que por lo tanto no haya ninguna presencia de lo sensible en la formulación de los conceptos, sino pura inteligibilidad. Frente a esto, podríamos preguntarnos: ¿no involucran los conceptos ciertas figuras visuales de imaginación conceptual, o en otros términos, que la inteligibilidad de los conceptos, lo que los hace pensables, podría venir acompañada y sostenida en parte por representaciones visuales imaginadas? A su vez, en la situación del diccionario aludida y en nuestras reflexiones anteriores, la noción saussureana de significado es puesta en duda. Acaso esto ponga de manifiesto algunos límites del paradigma lingüístico de Saussure, dado que quedaría sin respuestas frente a algunos problemas teóricos y empíricos y la necesidad de contemplar alternativas teóricas.[86]

3. Herencias saussureanas: Jakobson y las funciones comunicativas.

En este apartado vamos a proseguir con los interrogantes sobre la naturaleza del significado, pero abordando ahora al célebre teórico ruso Roman Jakobson (1896–1982), referencia ineludible del campo de las teorías de la comunicación. El mismo autor trabó además relación temprana con la obra saussureana y ha retomado sus lineamientos generales en sus formulaciones

---

[86] Podemos mencionar al pasar otros planteamientos teóricos sobre el signo, que no descansan en el establecimiento de dicotomías tal como lo hace Saussure (significado–significante, sensible–inteligible, lengua–habla, diacronía–sincronía, sintagma–paradigma, etc.), no acaso porque este pensamiento dicotómico sea cuestionable en sí mismo, sino por la postulación de miradas otras que permiten dar cuenta de algunas preguntas. Así, J. Lacan reformula lo que él denomina el algoritmo saussureano (la relación "cerrada" de la doble articulación entre el significado y el significante), y más que postular una noción incierta y hasta metafísica del concepto, plantea que la significación tiene lugar por los desplazamientos de los significantes. Para decirlo brevemente y por ende de un modo algo brusco, donde Saussure coloca al significado, Lacan concibe vínculos metafóricos y metonímicos entre los significantes. Así, en nuestro trivial ejemplo del uso diccionario, la definición que nos ofrece la entrada de la voz de la palabra ignorada, al estar conformada por otros significantes, evidenciaría las relaciones aludidas entre los significantes. Aquí entonces es problemático sostener la relación de exclusión entre lo inteligible y lo sensible y el papel meramente expresivo/representativo de este último. En la *Obra lógico-semiótica* de Charles S. Peirce (1987), el prólogo escrito por el psicoanalista canadiense François Peraldi sugiere la presencia de marcadas sintonías en la forma de abordar el signo entre Lacan y el filósofo norteamericano. Consideramos que el concepto de semiosis –y todo el paradigma– de Peirce podría proporcionarnos claves interpretativas para encarar desde otra perspectiva las incertidumbres que nos despierta F. de Saussure.

teóricas, y esto constituye uno de los motivos principales de su inclusión en este trabajo. Jakobson ha sido uno de los intelectuales más influyentes del siglo XX, por su significativo legado en los campos de la lingüística, la semiología, la teoría literaria y la antropología estructural –sus aportes fueron fuente de inspiración de Claude Lévi-Strauss. Figura sobresaliente en el círculo lingüístico de Moscú –uno de los dos movimientos que conformaron el Formalismo Ruso[87]– y co-fundador de la escuela de Praga de teoría lingüística, sus principales aportes al campo siguen gravitando en la lingüística y semiología de la actualidad. Aquí nos detendremos en uno de sus trabajos más conocidos, la ponencia "Lingüística y poética" (Jakobson, 1975).

La conjunción que el título enuncia, pone en relación dos términos que ni la tradición lingüístico-semiológica de cuño saussureano ni el formalismo ruso conciben como mutuamente implicados. El principal gesto teórico de sus compañeros formalistas rusos[88] fue buscar la especificidad del recurso poético literario del lenguaje, diferenciándolo de los usos ordinarios y cotidianos del lenguaje, que tenían la finalidad práctica de la comunicación. El recurso poético del lenguaje provoca una intensificación de la percepción del signo y del objeto aludido por él, mientras que el lenguaje cotidiano descansa en percepciones automatizadas por la convención y el uso. Jakobson realiza un gesto inverso: en lugar de separar y diferenciar distintas esferas de los usos del lenguaje, se pregunta por la presencia de elementos poéticos en el lenguaje cotidiano. Para darle curso a esta empresa, construye un modelo para caracterizar a la comunicación, donde engloba la presencia de la poética –de la que no nos ocuparemos aquí– junto con otros elementos. Estamos hablando de la famosa modelización de la comunicación que ha inundado los libros de texto escolares, y que a continuación describiremos someramente.

Jakobson considera que hay seis factores que intervienen en la comunicación, y si mediara la ausencia de alguno de ellos, el acto comunicativo no podría realizarse y por ello los considera inalienables. Los factores son:

---

[87] El Formalismo Ruso es uno de los movimientos de teoría y crítica literaria más influyentes del siglo XX, surgido en Rusia en 1914.
[88] Nos referimos a los planteos de uno de sus exponentes más destacados en lo que se denominó el primer formalismo, Viktor Sklovski (1991) en el artículo "El arte como artificio" y la caracterización del movimiento realizada por Boris Eichenbaum (1991) en "La teoría del método formal".

Referente
—Contexto—

Emisor --------------------- *Mensaje* --------------------- *Receptor*

Canal
Código

Que Jakobson los considere "factores" es algo no menor. Por "factor" entendemos un elemento o condicionante que contribuye a lograr un resultado. Cada uno de estos factores o agentes cumple un papel determinado para que el acontecimiento comunicativo tenga lugar.

A primera vista, es posible señalar que, con la exclusión del referente o contexto –es el tema o referente al que el mensaje se refiere, es acerca de lo que se habla–, los restantes factores descriptos por Jakobson están presentes en el modelo comunicacional saussureano. Consideremos aquí los tres órdenes de fenómenos que tienen lugar en el lenguaje en la teoría de Saussure según como lo hemos ya señalado. En el orden psíquico, el *emisor* selecciona el concepto que desea transmitir y lo articula a la imagen acústica *–código–*, luego realiza el proceso fisiológico de fonación y se produce el *mensaje*. Éste viaja como ondas sonoras por el aire –el *canal*, lo que establece el contacto entre ambos– hasta el *receptor*, quien registra pasivamente el sonido físico. Luego, realizando un proceso inverso al de la emisión, el procesamiento fisiológico del sonido encuentra su correlato en un significante de orden psíquico y la psiquis del receptor le atribuye a este último un significado, conforme al código institucional de la lengua.

Sin embargo, el planteo de Jakobson resulta algo más complejo, puesto que cada uno de estos factores ejecuta a su vez una suerte de proceso, al que Jakobson denomina función. Las enumeramos a continuación –cada función corresponde a su respectivo factor del cuadro anterior:

Referencial: orientada a la transmisión de información objetiva sobre el referente, contexto o tema de conversación.
Emotiva: orientada a la expresión de emociones del emisor.

Conativa: centrada en influir en el destinatario mediante órdenes o súplicas.

Poética: centrada en la forma del mensaje en sí.

Metalingüística: comprueba el funcionamiento del código, lo toma como su referente.

Fática: verifica el establecimiento del contacto entre E y R a partir de la comprobación del funcionamiento del canal.

La primera novedad del planteo de este autor respecto del clásico modelo de Saussure reside en que cada una de estas funciones puede tener mayor peso que las demás –que siempre están presentes– en un acto comunicativo concreto. Esto posibilita el establecimiento de un principio clasificatorio de la estructura verbal de las comunicaciones. Así, por ejemplo, en un trabajo científico, prima la función referencial; en las típicas conversaciones que tienen lugar en el ascensor entre vecinos juntados por el azar, podría decirse que a los interlocutores no les interesa de veras el tema de conversación –el clima, por ejemplo–, ni tampoco que se propongan expresarse ni influir sobre el otro, sino simplemente establecer un mínimo contacto, acaso como señal de buena educación y de reconocimiento recíproco. En este tipo de comunicaciones estamos frente al predominio de la función fática. Otro tanto se evidencia en enunciados tales como: "¿Me escuchás bien?" o –al teléfono– "¿Hola?", donde se intenta verificar el correcto funcionamiento del canal auditivo.

Asimismo, en lo relativo a sus diferencias respecto de los planteos saussureanos, se pone en juego otra cuestión: la naturaleza de los intercambios que tienen lugar entre los interlocutores. Jakobson considera que se realiza un intercambio de información, mas la noción de esta última no debe ser restringida al aspecto cognoscitivo del lenguaje. Si así fuera, diríamos que sirviéndose del código lingüístico, se transmitirían significados o conceptos que nos harían saber algo acerca de los objetos del mundo a los que se refieren, lo que en el esquema de Jakobson se limita privativamente a la función referencial. Al proponernos compararlo extemporáneamente con los planteos de Jakobson, el esquema saussureano se nos presenta entonces como una abstracción de carácter reduccionista, que toma solo un aspecto –las relaciones de significación codificadas por la lengua y su "contenido" informacional– y se sustrae de otras dimensiones posiblemente presentes en la escena comunicativa.

Nos anticipamos al afirmar que el privilegio atribuido al intercambio de significados sigue gravitando en Jakobson, dado el concepto de código presente en su esquema, aunque en las funciones fática, conativa y poética la validez de esta concepción resultaría más problemática. No obstante, los significados no estarían solamente codificados por el código lingüístico tal como lo entiende Saussure. A pesar de la presencia de un único código –conforme lo postula su esquema comunicacional–, Jakobson nos sugiere tácitamente vislumbrar cierta pluralidad de sub-códigos operando en simultaneidad sobre la superficie lingüística significante. Para tratar esta cuestión, detengámonos ahora en la función emotiva. Ésta apunta a una expresión directa de la actitud del hablante ante aquello de lo que habla. Hay en la lengua un estrato convencional de significantes con significados preestablecidos conformado por las interjecciones, que cumplen esta función. Sin embargo, al mismo tiempo estamos en presencia de otros elementos que dan énfasis al discurso y que no implican significantes preestablecidos. De este modo, estaríamos frente al mismo material perceptivo desde el punto de vista de la lengua –mismo significante con sus respectivos fonemas–, que es articulado al mismo concepto –significado–, y sin embargo, además del significado codificado, ofrece información adicional de otro orden. En español, podemos alargar duración de las vocales, para dar énfasis a las palabras dichas y patentizar así cierta actitud del hablante respecto de su enunciado. Para ejemplificar dicha función emotiva, no es necesario ir más lejos de una circunstancia harto conocida presente en el esparcimiento deportivo y en el entretenimiento mediático. Cuando acontece el *milagro*, y la vocal de la breve y anhelada palabra "gol" es alargada indefinidamente, nos resulta una demostración obvia y contundente de las intensas emociones que se están movilizando en el hablante –que movilizan también, simultáneamente, flujos ingentes de capital, sobre todo cuando la gesta deportiva tiene alcance "planetario".

Resulta indiferente para diferenciar de otros significantes –y así atribuir significados–, que los fonemas del significante sean pronunciados en tono más alto o con vocales más o menos largas. Son simples variantes de un mismo fonema. Sin embargo, desde el punto de vista emotivo, longitud y brevedad pasan a ser un elemento significativo – o mejor dicho, *significante*, y este rasgo distintivo puede ser aplicado a cualquiera de los fonemas de la lengua, siendo estos últimos ahora simples variantes de una misma unidad emotiva. Estamos entonces frente a otra codificación –puesto que constituye una convención–, en tanto que articulamos un elemento que percibimos –longitud, brevedad– con un significado, que tiene cierto contenido conceptual *comunicable*, en este caso la significación o expresión de énfasis.

Consideremos ahora a la función metalingüística. Jakobson le atribuye dos papeles aparentemente simples, a saber: por un lado, la confirmación realizada por el destinador y/o el destinatario de la utilización del mismo código por parte de ambos; por el otro, la realización de las operaciones necesarias en el aprendizaje de la lengua materna. Aquí estaríamos frente a un nivel del lenguaje –de acuerdo a la lingüística moderna–, el metalenguaje, que no habla de los objetos del mundo –ése sería el nivel que estuvimos considerando hasta ahora, el del lenguaje-objeto– sino que habla del lenguaje mismo. Por lo tanto, en las comunicaciones teóricas de los lingüistas y los lógicos predomina esta función, y asimismo en toda conversación cotidiana donde los interlocutores se pregunten por los significados de las palabras o las definiciones presentes en los diccionarios, que constituyen un caso paradigmático de operación metalingüística. Podemos afirmar que esta función implica una suerte de reflexión del propio lenguaje sobre sí mismo, porque si bien el prefijo "meta" suele conceder al término que lo sucede el sentido de ubicarse "más allá de", el único instrumento que disponemos para tomar como objeto de reflexión al lenguaje es el lenguaje mismo. Y aquí, en los sencillos ejemplos planteados por Jakobson, podemos vislumbrar ahora los límites que hemos señalado sobre la debilidad del concepto de significado en Saussure. Veamos entonces el diálogo, no exento de cierto candor, que se plantea el autor:

–Al repelente le dieron calabazas
–¿Qué es *dar calabazas*?
–*Dar calabazas* es lo mismo que *catear*.
–¿Y qué es *catear*?
–*Catear* significa *suspender*.
–Pero ¿qué es un *repelente*? –insiste el preguntón,
que está *in albis* en cuestión de vocabulario infantil.
–Un *repelente* es (o significa) uno que estudia mucho.[89]

---

[89] *Op. Cit.* p.357

Al hacer reflexionar al lenguaje sobre sí, una definición del significado en sintonía con los planteos de Saussure –como componente esencial del signo, mientras que el significante solo cumpliría el papel de expresar/representar lo esencial– sigue estando ausente. Lo único que encontramos es un incesante discurrir de significantes que se interpretan recíprocamente. De este modo, en este texto de Jakobson que parte de premisas teóricas saussureanas, podemos leer de manera oblicua un posible funcionamiento de la significación que no se adecuaría totalmente con las nociones saussureanas: más que la doble articulación entre un significado y un significante, estaríamos frente a una deriva de los significantes en una cadena de interpretaciones. Y como ya lo hemos señalado muy sucintamente, estas concepciones estarían más próximos a otros paradigmas teóricos. Estas afirmaciones no implican que pretendamos ubicar a Jakobson fuera de la constelación saussureana. Solamente tratamos de poner de manifiesto algunas limitaciones y tensiones teóricas de esta última, y de vislumbrar cómo a partir de estos obstáculos epistemológicos, otras perspectivas para abordar el fenómeno de la significación pueden quedar habilitadas.

Tampoco pretendemos cuestionar el aspecto central de la caracterización saussureana de la identidad de los signos: que su identidad se establece a partir de sus diferencias con otros signos, y no es propia de cada signo particular tomado·de manera aislada como entidad autosuficiente. Pero, asumiendo el carácter relacional de la identidad de los signos, sí dejamos abierto aquí sin embargo un interrogante, que versa en torno de la naturaleza de dichas relaciones. Hemos intentado poner de manifiesto algunos límites de su concepción antiesencialista del lenguaje: estarían implícitos en las formulaciones de Saussure ciertos contenidos pre–conceptuales que preexisten al juego diferencial de la lengua. De este modo, preguntarse críticamente sobre la naturaleza de las relaciones diferenciales que establecen los signos entre sí –y en especial su faz conceptual o de los *significados*– le apunta directamente al corazón de la noción misma de código, y a sus condiciones de posibilidad, pues la noción de valor y de identidad relacional no está del todo saldada teóricamente en los textos saussureanos.

El concepto de código asimismo presupone, como ya hemos sugerido, la dicotomía entre lo sensible y lo inteligible. Este planteamiento de la comunicación conlleva una forma "contenidista" de entender la recepción o decodificación de los signos: leer una palabra –o una imagen–, implica restituirle su contenido conceptual. En otras palabras, la transmisión del concepto por intermedio del significante es el fin de la comunicación. Según este pensamiento, entonces, la singularidad de un significante solo es pertinente a partir de su finalidad expresiva. Así, se soslayan algunas especificidades del material significante[90], tanto tomado en sí mismo como en su vinculación y en la participación de lo sensible en lo "conceptual".

Hemos intentado remarcar los interrogantes teóricos que esta noción de código acarrea a la hora de aproximarse a los fenómenos lingüísticos. Ahora bien, si en lingüística esta desestimación de la forma resulta problemática, en otros registros significantes, como el visual o icónico –donde las formas perceptivas presentan mayores complejidades–, dicha desestimación podría resultar más espinosa aún. No obstante, con frecuencia se habla de "código" a la hora de abordar materiales significantes visuales, y aquí Saussure gravita como referencia ineludible. Su noción de código y sus presupuestos aparecen como paso obligado a la hora de preguntarse por los modos de significación de las imágenes[91]. Sin desmerecer la formidable productividad teórica que dichas discusiones han suscitado, finalizamos este texto preguntándonos si acaso, tanto en lingüística como en la semiología de los mensajes visuales, resulte fructífero poner en suspenso dicha noción de código para aventurarse en nuevas formas de interrogar la complejidad de lo real y de la significación.

---

[90] Aquí no pretendemos afirmar que cuestiones específicas del orden del significante no hayan sido atendidas por F. de Saussure. El desarrollo de la fonología entre otras cuestiones lo prueba. Lo que sí, empero, cuestionamos, es su papel subordinado en su dicotomía con lo conceptual. Así, a modo de ejemplo, mientras que se presentan diferencias fonológicas de pronunciación que responden a diferencias geográfico–regionales, se tratará de variantes de un mismo signo que no alteran su valor. Lo que hace que una diferencia fónica sea un rasgo diferencial pertinente de un signo es que esta esté articulada a un concepto distinto.

[91] Un desarrollo pormenorizado acerca del tratamiento de la Semiología a este problema se encuentra en el artículo de Daniela Fiorini y Leticia Schilman, en este mismo libro.

Referencias bibliográficas.

BACHELARD, G. (1972) *La formación del espíritu científico. Contribución al psicoanálisis del conocimiento objetivo.* Buenos Aires, Siglo XXI.

DERRIDA, J., (1998) "Firma, acontecimiento, contexto" En: *Márgenes de la filosofía,* Madrid, Cátedra

EICHENBAUM, B. (1991) [1925] "La teoría del método formal". En: Tzvetan Todorov, *Teoría de la literatura de los formalistas rusos,* México, Siglo XXI.

JAKOBSON, Roman (1975) *Ensayos de lingüística general.* Barcelona, Seix Barral.

LACAN, Jacques (1980) [1966] *Escritos I.* México, Siglo XXI.

PEIRCE, Charles Sanders (1987) Obra lógico-semiótica. Madrid, Taurus.

SAUSSURE, Ferdinand de. 1994 [1916] *Curso de lingüística general.* Barcelona, Planeta-Agostini,

SHKLOVSKI, Víctor (1991) [1917] "El arte como artificio". En: Tzvetan Todorov, *op. cit.*

Hacia una teoría de la lengua en uso: los aportes de Émile Benveniste

María Stegmayer
Daniela Slipak

*"¿Qué separa al discurso de la lengua, o bien, qué permite decir
en un momento determinado que la lengua entra en acción como discurso?
La lengua no existe sino con miras al discurso."*
Émile Benveniste

Una frase de Paul Valéy citada por Paolo Virno (2003:29) en su libro *Cuando el verbo se hace carne* nos permitirá abordar sin más uno de los núcleos que plantean los escritos del gran lingüista francés Émile Benveniste (1902–1976) que nos proponemos comentar aquí: "[a]ntes todavía de significar algo, toda emisión de lenguaje *señala* que alguien habla. Esto es decisivo, y no relevado por los lingüistas" (la cursiva es nuestra). Ahora bien: ¿por qué volver sobre las páginas de Benveniste para pensar los distintos saberes, prácticas y estrategias que involucran al diseño gráfico en la actualidad? Ya ha sido señalado por Arfuch (1997) el conflicto que se presenta a la hora de equiparar lisa y llanamente "diseño" con "comunicación", en la medida en que esta última arrastra connotaciones de transparencia, univocidad y finalidad, propias de una concepción clásica del esquema comunicativo en términos de emisor-mensaje-receptor. En efecto, como intentaremos mostrar, es posible desmontar, desde la perspectiva de este autor, una serie de supuestos que sostienen esa concepción clásica de la comunicación: en primera instancia, la existencia de figuras predefinidas a la escena enunciativa, que se limitarían a movilizar un sentido unívoco utilizando el código de la lengua como instrumento o vehículo objetivo, capaz de efectivizar la intención del emisor en la aceptación pasiva del mensaje por parte del receptor. En segunda instancia, el rígido encuadre que representa este enunciador activo, que controla el sentido, y su contraparte, un receptor pasivo que se limita a decodificar la palabra o el enunciado ajeno.

Para adentrarnos en esta indagación es necesario situar el recorrido teórico de este autor francés en el camino que inauguraron las formulaciones de Ferdinand de Saussure a principios del siglo veinte y que constituyen la pieza fundamental de lo que hoy conocemos como lingüística moderna. En el *Curso de lingüística general*, recopilado por los discípulos de Saussure y publicado en forma póstuma, la lengua, recortada en tanto dimensión analítica del conjunto heteróclito de los hechos del lenguaje, es definida como un objeto de conocimiento autónomo, un sistema de signos de carácter psíquico, de naturaleza social, anterior y exterior al individuo, cuya unidad mínima, el signo, se constituye en la articulación arbitraria y necesaria entre un significado y un significante. En cuanto a la significación, ésta emana del sistema, espacio homogéneo en que los signos entablan una relación diferencial y opositiva, siendo la identidad de cada elemento no un conjunto de propiedades inmutables, sino una posición en el espacio relacional que habilita dicho código. De ahí que Saussure afirme que la *lengua es forma y no sustancia*, dejando rotundamente atrás las postulaciones de la lengua como nomenclatura sostenidas en la idea del signo como representación, es decir, como relación entre una cosa y un nombre cuyas propiedades esenciales, positivas, habrían dado lugar a una adánica, primigenia nominación.[92]

A un tiempo separándose y retomando el invalorable legado de Saussure, en la década del sesenta, Benveniste dará cuerpo a una teoría de la enunciación que marcará un quiebre no solo al interior del quehacer lingüístico sino también al exterior, con innegables consecuencias fuera de dicho campo de saber. Pero antes de desarrollar la lectura crítica que el lingüista francés aportará respecto del paradigma saussureano, es necesario esbozar un panorama del escenario teórico en que nuestro autor inscribe su intervención. En este sentido, puede considerarse a Benveniste como un pensador bisagra que desde la disciplina lingüística sienta las bases para un nuevo giro que permi-

---

[92] En el capítulo anterior, Julián Vazeilles analiza la herencia saussureana desde el punto de vista del *significado* y en relación con la interpretación de otro de sus notables seguidores, Roman Jakobson.

tirá trascender los límites de una teoría de la significación pensada en términos de las relaciones entre unidades mínimas –es decir, entre los signos al interior del sistema de la lengua–, y postular un nuevo objeto de análisis: las *estrategias enunciativas* en una *situación de discurso* y sus *efectos de sentido*. Un giro que resulta impensable sin el paradigma saussureano pero que marcará sus límites y articulará sus instancias en un gesto a la vez crítico y esclarecedor. ¿En qué términos puede describirse el debate teórico al interior de la lingüística a mediados del siglo veinte? Es el momento en que las ciencias humanas en su conjunto se han transformado a la luz de los aportes de la lingüística saussureana. En ella encontraron un método y una perspectiva –semiológica– que dio cuerpo a lo que luego se llamó "análisis estructural", y que permitió agrupar estudios antropológicos, sociológicos, literarios, visuales, bajo la rúbrica del "estructuralismo". En palabras del propio Benveniste,

> "[e]l principio fundamental es que la lengua constituye un sistema, cuyas partes todas están unidas por una relación de solidaridad y de dependencia. Este sistema organiza unidades –los signos articulados– que se diferencian y se delimitan mutuamente. La doctrina estructuralista enseña el predominio del sistema sobre los elementos, aspira a deslindar la estructura del sistema a través de las relaciones entre los elementos, tanto en la cadena hablada como en los paradigmas formales, y muestra el carácter orgánico de los cambios a los cuales la lengua está sometida" (2004: 98).

Este modelo de análisis estructural se explotó –y no siempre con fortuna– fuera de su disciplina de origen, pero lo que interesa rescatar aquí es que nuestro autor, asumiendo la herencia saussureana pero también superando el punto de vista exclusivamente estructural –es decir, trascendiendo el universo del sistema virtual de relaciones–, destaca la articulación de este último a otro nivel –la lengua en tanto se manifiesta o se materializa en la comunicación viviente–, presente como la otra cara indisociable de todo proceso comunicativo:

> "[l]a frase, creación indefinida, variedad sin límites, es la vida misma del lenguaje en acción. Concluimos que con la frase se sale de la lengua como sistema de signos y se penetra en otro universo, el de la lengua como instrumento de comunicación, cuya expresión es el discurso (2004: 128-129)".

De este modo, vemos que la lengua y el habla, el sistema y la frase, son dos universos diferentes aunque abarquen la misma realidad, y dan origen a dos lingüísticas diferentes aunque "crucen sus caminos a cada paso". Se refiere Benveniste a una "lingüística de la lengua" y a una "lingüística del habla". Haber sentado las bases para este cruce de caminos constituye uno sus aportes fundamentales y lo es en la medida en que esta intersección entre sentido y referencia se da al interior de la frase. Sentido, en términos de su propiedad de significar por referencia a la estructura o código de la lengua; y referencia, en virtud de apuntar a una situación dada, "situación que los que se comunican tienen en común y a falta de la cual la comunicación como tal no se opera" (2004:129). Entonces, sentido y referencia son dos momentos o niveles indisociables de toda praxis discursiva, y al incluir la "referencia" en su proyecto teórico, Benveniste nos invita a problematizar la relación entre lengua y mundo, que permanecía entre paréntesis en el modelo de Saussure. Es decir que entre las formas de la comunicación humana la interacción discursiva comporta siempre un carácter doble, dado que el sentido de un enunciado no puede agotarse jamás remitiendo únicamente a su propia naturaleza lingüística: aunque en función de esta última es que él puede ser *reconocido* –reconozco un enunciado como construido según las leyes de *mi* lengua, reconozco la significación de los signos que lo componen–; al mismo tiempo el enunciado se inscribe en una "situación", señala un "referente", y es solo a partir de estos datos que podrá ser *comprendido*, dotado de sentido en el marco de ciertas condiciones configuradas en este proceso intersubjetivo, *en* y *por* el acontecimiento enunciativo mismo.

Así, la centralidad del la enunciación inaugura un modo inédito de abordar la relación entre lengua y sociedad. En efecto, señala Benveniste que

"siempre vemos el lenguaje en el seno de una sociedad, en el seno de una cultura. Y si he dicho que el hombre no nace en la naturaleza sino en la cultura, es que todo niño en toda época, desde la prehistoria más remota hasta ahora, aprende necesariamente con la lengua los rudimentos de una cultura. Ninguna lengua es separable de una función cultural. No hay un aparato de expresión tal que se pueda imaginar que un ser fuera capaz de inventar solo. Las historias de un lenguaje inventado, espontáneo, fuera del aprendizaje humano, son fábulas. El lenguaje siempre ha sido inculcado a las criaturas humanas, y siempre en relación con lo que se llaman realidades, que son realidades definidas, por necesidad, como elementos de cultura" (2004: 180).

Es en este sentido que puede pensarse a la ciencia lingüística como "ciencia piloto", es decir, como la ciencia que indaga en el mecanismo y fundamento de la significación la capacidad de conformar los esquemas operatorios vinculados a la adquisición de toda lengua. Antes de Saussure la lingüística comparada buscaba echar luz sobre los orígenes y la evolución del lenguaje humano en las lenguas histórico-naturales; es a partir de la mirada del autor del *Curso* que el interés es desplazado de los orígenes a los "fundamentos" de la lengua como "poder de significación" y como "fundamento de toda vida de relación".[93] Este concepto de relación será capital en la apuesta teórica de Benveniste. Si Saussure había distinguido las instancias diferenciadas del lenguaje en los conceptos de *lengua* y *habla*, será Benveniste el que nos provea de un aparato conceptual capaz de articular productivamente ambas dimensiones, siendo el sujeto hablante, *el Ego*, la figura que organiza y emerge de la instancia enunciativa en su carácter de locutor, que toma la lengua por su cuenta y postula en ese acto de apropiación a un alocutario, figura de la otredad que será constitutiva de todo lenguaje. Mientras que en Saussure la necesaria e indisociable relación entre lengua y habla está aludida pero no formalizada –el habla sería caótica, individual, inanalizable–, Benveniste consigue romper ese binarismo en pos de una concepción que privilegia el estatuto del sujeto hablante en relación al código de la lengua, abriendo así un campo fructífero para el análisis de grandes unidades significantes: los discursos. El sentido no estará entonces regido por leyes universales sino que deberá anclar en el punto de vista de una situación concreta, histórica, situada, de enunciación, donde el sujeto hablante se relaciona con su enunciado, es decir, se inscribe en él, a partir de *marcaciones* e *indicios* concretos. Es esta relación del locutor con la lengua "que sitúa al que habla en su habla" (2004:83-85), al decir de nuestro autor, la que dará cuenta de los *caracteres formales de la enunciación*.[94]

Según Paolo Fabbri (2000), la semiótica llega en los años sesenta del siglo XX a un callejón sin salida. Este callejón encuentra en la noción de signo un

---

[93] Saussure se distancia de los estudiosos de su tiempo en el intento de concebir, por debajo de los enunciados concretos de las lenguas históricas y sus transformaciones en el tiempo, la estructura latente que rige su funcionamiento, haciendo abstracción de la historia –aunque sin desdeñar la relevancia de la dimensión diacrónica, por otra parte largamente estudiada por él mismo– y planteando un corte sincrónico ("sin tiempo") para analizar un "estado de la lengua".

[94] Para Benveniste, este último terreno es fundamental y es aquí que situará su interés. En la célebre fórmula "la lengua antes del habla es solo la posibilidad de la lengua" vemos invertida la prioridad de Saussure.

obstáculo epistemológico insalvable. Es en un desplazamiento crítico respecto del concepto de signo como eje de los modelos que intentan dar cuenta del problema del sentido que Benveniste permite superar dicho obstáculo reformulando la cuestión. En otras palabras, cambiando el foco, corriendo el eje desde el código y la significación –universo virtual de relaciones– al problema del discurso y el sentido –situación real y pragmática del enunciado como modo de acción–. En efecto, es la noción de código como única instancia reguladora del sentido la que se encuentra en crisis a partir de la intervención pionera de Benveniste y otros teóricos. Como señala Fabbri, la imagen del código como sistema de elementos mínimos y reglas de funcionamiento tuvo mucho éxito en la semiótica de los años sesenta. No se trata de abandonar la idea de sistema o código sino de pensar que el sentido no existe de modo apriorístico en las palabras sino que se configura en una escena, en ese acontecimiento concreto que Benveniste llama *enunciación*, como aquel modo singular de poner en movimiento la significación combinando específicamente no solo palabras, frases o proposiciones, sino también dispositivos sintáctico-semánticos a los que a veces llamamos actores, otras personajes y así sucesivamente[95], y que emergen como tales sólo en y por dicho proceso. La enunciación o, en otras palabras, la apropiación del aparato formal de la lengua por parte de un sujeto, funda no solo la relación con el otro, sino también el *acontecimiento* de la irrupción del discurso en el mundo, es decir, la posibilidad de co-referir en una relación necesariamente *dialógica*.[96] De este modo, el lenguaje es pensado como un modo de acción; no como una herramienta que permitiría referirse a estados de cosas, describir una realidad "externa", sino como un modo de producción y transformación de eso que llamamos "realidad", modificando al mismo tiempo tanto a quien produce el enunciado como a quien dicho enunciado está dirigido.

---

[95] Cfr. Fabbri, Paolo, *El giro semiótico*. El autor hace hincapié en la acción configuradora de la narración presente en todo enunciado concreto.

[96] Como señala Leonor Arfuch, "[e]l concepto de dialogismo, que ha alcanzado en las últimas décadas una notable difusión en varios campos disciplinares, remite al principio que estructura la obra del eminente teórico ruso Mijail Bajtin (1895–1975), una de las más influyentes en el pensamiento contemporáneo (…) Sin que constituya un cuerpo filosófico sistemático, el dialogismo –vocablo que no aparece en el léxico bajtiniano pero que fue acuñándose en el uso– se plantea sin embargo como una concepción de la existencia fundada no en la identidad de mente y mundo, sino en la figura de la *otredad*"(2002: 64).

La escena enunciativa: sujeto, enunciación y enunciado

De lo que se trata aquí, entonces, es de una pragmática comunicativa, consistente en el abordaje de la lengua bajo el marco de su propia utilización: la *enunciación* es para Benveniste el acto por el cual se pone en funcionamiento la lengua. De este modo, aquella distinción que varios años antes Saussure había realizado entre lengua y habla –descartando ésta como inanalizable– se transforma en las páginas de nuestro autor en *discurso*, concepto que atiende al propio acto de *enunciación* antes que al texto del *enunciado* mismo.

Ahora bien, ¿cómo abordar analíticamente la apropiación de la lengua por parte de un sujeto? ¿Cómo establecer una serie de reglas que ordenen la observación de dicha situación? Aquí Benveniste se aleja rápidamente de una serie de ejercicios posibles: el estudio de la *enunciación* no supone atender a los aspectos fonéticos que caracterizan todo encuentro entre un individuo y la lengua, esto es, la adquisición, difusión y alteración del conjunto de los sonidos vocales; tampoco se refiere a un análisis de orden semántico, basado en la teoría de los signos y la conformación de la significancia en una lengua histórica determinada. Antes bien, la propuesta de nuestro autor consiste en definir la enunciación en el *marco formal de su realización*, atendiendo a los aspectos regulares y necesarios de la situación en la cual un sujeto recurre a la lengua para, a través de su uso, transformarla en discurso.

Sin embargo, antes que nada, es necesario desarticular una lectura posible de este proceso de apropiación: la que establece que sujeto y lengua existen de manera independiente, suponiendo a un individuo que se vale del lenguaje como un "vehículo" o "instrumento" por él fabricado para la transmisión de información en la comunicación con un otro. La situación en la cual dos individuos "completos" se encuentran y, mediante la trabajosa invención del lenguaje, logran comunicarse es para Benveniste una evidente ficción: en efecto, en el mundo, el hombre nunca aparece separado de la lengua; por el contrario, el sujeto es siempre un sujeto hablante, de modo tal que el lenguaje hace a la definición misma de la realidad del hombre. En otras palabras, el lenguaje es constitutivo de la propia naturaleza del individuo, esto es, de su propia subjetividad. "Es en y por el lenguaje como el hombre se constituye como sujeto, porque el solo lenguaje funda en realidad, en *su* realidad que es la del ser, el concepto de 'ego'" (Benveniste: 2004: 180). Volveremos sobre este punto posteriormente.

Decíamos, entonces, que la formalización del marco de la enunciación supone, sobre todo, el análisis de la acción –y de la situación– antes que del producto de la misma, es decir, el conjunto de enunciados que forman parte del discurso. Se trata más bien de una *mise en scène* antes que de la referencia a un determinado contenido que ésta hipotéticamente pudiera poner en movimiento. La analogía del teatro puede aquí ilustrarnos el interés de nuestro pensador francés: en el arte dramático, aquello sobre lo cual se hace hincapié es el ejercicio de la propia escenificación y representación por parte de un actor, el espacio de aparición y visibilidad único e irrepetible de la palabra del mismo, quedando relegado a un segundo plano el texto a representar; es la obra escenificada antes que el guión escrito.

Si como señala Paolo Virno, la apropiación individual de la lengua se compone de dos aspectos –el contenido semántico expresado, por un lado; y el acto de enunciar en cuanto tal, por el otro–, Benveniste focaliza, principalmente, en el último de ellos. Si ambas instancias son inseparables y necesarias –enunciado y enunciación son los dos lados inescindibles de una única hoja, para remitirnos a la conocida metáfora saussuriana–, no es tanto *lo que se dice* sino *el hecho de que se habla* lo que preocupa a nuestro autor.

Así, a partir de estos supuestos, Benveniste se aboca a encontrar una serie de elementos regulares en toda acción individual de puesta en funcionamiento de la lengua y su consecuente transformación en discurso: el llamado *aparato formal de la enunciación*. El primer elemento que es necesario tener en cuenta refiere a la posición esencial asumida por el enunciador en cada acto enunciativo particular: bajo la figura de *locutor*, éste se convierte en el centro de referencia interno de la totalidad discursiva. En efecto, es el sujeto quien en el mismo acto de enunciación se posiciona como eje ordenador de aquella escena comunicativa, remitiéndose a sí mismo como *yo* en su discurso; el resto de los elementos del enunciado serán articulados bajo sus propias coordenadas.

Sin embargo, prosigue nuestro autor, este lugar protagónico del sujeto en su enunciación no debe opacar que todo acto de utilización de la lengua supone, asimismo, la inmediata instauración de un otro: es hacia la figura de un *alocutario* que se orienta y dirige la posición del locutor. En otras palabras, bajo el mismo acto de materialización de un *yo* aparece la figura de un *tú* dentro de la escena enunciativa. Afirma Benveniste: "[l]a conciencia del sí no es posible más que si se experimenta por contraste. No empleo *yo* sino dirigiéndome a un *tú*. Es esta condición de diálogo la que es constitutiva de la persona" (2004: 181). De esta manera, a partir de las figuras del locutor y del alocutario, la enunciación asume una estructura dialógica, como elemento constitutivo de todo discurso. Incluso la práctica del monólogo, instancia aparentemente paradigmática de desdibujamiento de la otredad en la estructura enunciativa, es considerada por Benveniste bajo estos supuestos: se trata del ejercicio de un diálogo interiorizado, donde el ego se escinde en dos, asumiendo, por un lado, la posición de un yo locutor, y por el otro, de un yo que escucha o interviene mediante una pregunta, comentario y, por qué no, una objeción, un insulto.

Pero aquí el autor establece una importante aclaración: esta estructura de diálogo que se convierte en elemento constitutivo de todo discurso no supone, sin embargo, una relación de simetría e igualdad entre ambos polos del enunciado; por el contrario, como mencionamos anteriormente, es el locutor quien se construye como centro de referencia de la instancia enunciativa, trascendiendo el lugar del alocutario en el discurso. En todo caso, dicha centralidad podrá ser interrumpida por la propia toma de la palabra por parte de ese otro que hasta esa instancia aparecía bajo la figura del *tú*, articulando así una nueva estrategia enunciativa, donde se posicionará como eje ordenador de su enunciado. La enunciación se articula, de este modo, bajo la dinámica de un *protagonismo alternativo*, bajo el cual, de manera sucesiva, los enunciadores asumen la figura de referencia de todas las coordenadas del discurso.[97]

Finalmente, Benveniste advierte que para el análisis de la enunciación no sólo es necesario remitirse al posicionamiento del locutor y el alocutario en el discurso; esta puesta en escena supone, asimismo, cierta relación con el mundo que la rodea:

> "[l]a condición misma de esta movilización y de esta apropiación de la lengua es, en el locutor, la necesidad de referir por el discurso y, en el otro, la posibilidad de correferir idénticamente, en el consenso pragmático que hace de cada locutor un colocutor. La referencia es parte integrante de la enunciación" (Benveniste: 2004: 85).

---

[97] Habrá que remitirse a los textos de Mijail Bajtin para transformar este protagonismo alternativo en un protagonismo *simultáneo*: "todo hablante es de por sí un contestatario, en mayor o menor medida: él no es un primer hablante, quien haya interrumpido por vez primera el eterno silencio del universo, y él no únicamente presupone la existencia del sistema de la lengua que utiliza, sino que

Ahora bien, ¿cómo reconocer estos diversos elementos de la situación de enunciación en el plano del enunciado? Aquí Benveniste recurre a los *deícticos*, aquellas formas "vacías" de la lengua que se actualizan en cada situación particular de enunciación, y sólo existen en ella, por oposición a las formas que poseen un estatuto pleno y permanente en la lengua. A diferencia de estas últimas, las primeras no remiten a una entidad léxica –un concepto–, y por tanto, no pueden ser identificadas más que en la instancia de discurso, siendo ésta la única referencia que poseen.[98] En efecto, los deícticos son esas huellas dentro del enunciado que *señalan* o *indican* –de ahí la alusión al término *deixis* (mostración)– la situación que enmarca la enunciación. Pronombres personales –yo, tú–, pronombres (y también adjetivos) demostrativos –éste, ése, aquél, formas temporales –mañana, hoy, ayer– y espaciales –aquí, allí– serán otros de los tantos indicios de la situación de enunciación observables en el plano del enunciado, identificables en todos los sistemas lingüísticos. Veamos algunos de ellos más específicamente, y las implicancias que se derivan de los mismos.

En primer lugar, los pronombres personales como indicios de persona. Hemos señalado la importancia del *yo* y el *tú* en la instancia enunciativa. El individuo que profiere la enunciación se posiciona como centro de referencia interna de todo el campo discursivo, actualizando el *yo* en una instancia particular de enunciación, fuera de la cual dicho pronombre no adquiriría ningún sentido. El *tú*, asimismo, denota al individuo que se presenta como alocutario en esa situación enunciativa; como hemos visto, otredad –si bien no protagonista– necesaria en todo puesta en forma de un escenario discursivo. Es en este último en el cual ambas formas lingüísticas se actualizan, construyendo en ese movimiento la subjetividad del individuo. Dirá Benveniste:

---

se cuenta con la presencia de ciertos enunciados anteriores, suyos y ajenos, con las cuales su enunciado determinado establece toda suerte de relaciones –se apoya en ellos, problematiza con ellos, o simplemente los supone conocidos por su oyente–. Todo enunciado es un eslabón en la cadena, muy complejamente organizada, de otros enunciados" (Bajtin: 2002: 258).

[98] "No hay un concepto *yo* que comprenda todos los yo que se enuncian a cada instante en los labios de todos los locutores, en el sentido en que hay un concepto 'árbol' al que se pueden remitir todos los usos individuales de *árbol*" (Benveniste: 2004: 182).

"Es en la instancia del discurso en que *yo* designa el locutor donde éste se enuncia como 'sujeto'. Así, es verdad, al pie de la letra, que el fundamento de la subjetividad está en el ejercicio de la lengua. Por poco que se piense, se advertirá que no hay otro testimonio objetivo de la identidad del sujeto que el que así se da él mismo sobre sí mismo" (Benveniste: 2004:182).

Del mismo modo, los pronombres demostrativos como indicios de ostensión, por un lado; y el paradigma entero de las formas temporales, por el otro. Cada toma de la palabra por parte de un individuo supone la configuración de una serie de coordenadas espacio-temporales que nacen y se producen en este acontecimiento individual, en relación al centro de referencia, esto es, el *yo* de dicha instancia enunciativa. *Aquí, éste, allá*, disponen una *espacialidad* relativa al propio acto de enunciación, subordinada a la posición del sujeto enunciador; de la misma manera, *mañana, hoy, ayer* e, incluso, la multiplicidad de los tiempos verbales, suponen la definición de una *temporalidad* relativa al momento en el cual se profiere el enunciado, estableciendo al presente enunciativo como el "tiempo cero" a partir del cual se definen tanto un pasado como un futuro. Es solamente por referencia a la puesta en escena que implica cada toma de la palabra, y el aquí-ahora que en ella se actualiza, que pueden conceptualizarse dichas formas lingüísticas "vacías". Tiempo y espacio, de este modo, no se construyen de manera preexistente a la enunciación; por el contrario, sólo pueden pensarse en y a partir de dicha instancia, al interior de todo discurso, y es únicamente sobre esta base que pueden llegar a concebirse como categorías formales y objetivas.

Por tanto, la enunciación pone a funcionar una serie de formas deícticas que existen sólo en y para dicho escenario, estructurando el campo discursivo en torno al eje ordenador que se construye a partir del sujeto enunciador. En este sentido,

"[e]l lenguaje es pues la posibilidad de la subjetividad, por contener siempre las formas lingüísticas apropiadas a su expresión, y el discurso provoca la emergencia de la subjetividad, en virtud de que consiste en instancias discretas. El lenguaje propone en cierto modo formas 'vacías' que cada locutor en ejercicio de discurso se apropia, y que refiere a su 'persona', definiendo al mismo tiempo él mismo como *yo* y una pareja como *tú*. La instancia del discurso es así constitutiva de todas las coordenadas que definen el sujeto" (Benveniste: 2004: 184).

Ahora bien, en la medida en que la figura del otro, el alocutario, es parte inerradicable de la escena enunciativa, Benveniste señala que el locutor dispone de un aparato de funciones específicas, que le permiten ponerse en relación con el destinatario de su discurso o, en palabras del autor, "influir de algún modo sobre el comportamiento del alocutario" (2004: 87). Así, la interrogación nos permite, movilizando un conjunto de formas léxicas y sintácticas, demandar una respuesta por parte del otro; la intimación, también centrada en el alocutario, se moviliza en el vocativo y en el modo imperativo; y la aserción, quizá con menos obviedad que las dos primeras, nos pone en posición de comunicar –también a un otro, incluso si este otro es una figura o desdoblamiento del ego– una certeza respecto de algo o de algún estado de cosas interno o externo.[99] Como también ha señalado Bajtín en esta línea, si asumimos que todo acto enunciativo se funda en la figura del diálogo, es decir que incluye necesariamente al otro o a los otros –presentes o ausentes–, podemos afirmar que cada réplica, por más breve o intermitente que sea,

> "expresa cierta posición del hablante, la que puede ser contestada y con respecto a la que se puede adoptar otra posición (…) En todo diálogo se establecen relaciones de pregunta, afirmación y objeción, afirmación y consentimiento, proposición y aceptación, orden y cumplimiento" (2002: 261).

Este aparato de funciones con que cuenta el hablante nos señala que el otro está presente forzosamente en todo proceso de comunicación discursiva. Todo enunciado está orientado hacia la respuesta de otro, y en este sentido moviliza la intención del hablante, que no puede agotarse nunca en el reconocimiento exclusivamente lingüístico de un enunciado. Este reconocimiento no puede provocar una reacción por sí mismo. Aquello que nos permite comprender el sentido de un enunciado no es la suma de los significados abstractos de los signos involucrados en él, sino su vinculación a una situación concreta de comunicación, con todas sus circunstancias, con sus participantes en persona, y con sus enunciados anteriores. Es así que, afirma Bajtín,

---

[99] En la función asertiva las palabras *sí* y *no* constatan positiva o negativamente una proposición, funcionando en la instancia enunciativa, como el reemplazo de esta última.

"[p]or más monológico que sea un enunciado, por ejemplo, una obra científica o filosófica, por más que se concentre en su objeto, no puede dejar de ser,
en cierta medida, una respuesta a aquello que ya se dijo acerca del mismo objeto, acerca del mismo problema, aunque el carácter de respuesta no reci-
biese una expresión externa bien definida: ésta se manifestaría en los matices
del sentido, de la expresividad, del estilo, en los detalles más finos de la composición. Un enunciado está lleno de matices dialógicos" (2002: 282).

En las marcaciones subjetivas también disponemos de los diversos mo-
dalizadores para expresar determinadas actitudes del enunciador respecto
de sus enunciados. Por un lado, los modos verbales: el modo subjuntivo, el
condicional, en tanto dan cuenta de la duda, la espera, el deseo o la aprehensión, o bien ciertas formas adverbiales –"quizá", "sin duda", "probablemente",
etc.– que en la frase son vehículo de incertidumbre, posibilidad, indecisión, o
deliberadamente, denegación.

Por último, la entrada en la dimensión semántica de la lengua, es decir, el
trasponer los límites de la pura función semiótica –que refiere a las relaciones
y estructura del signo– para situarnos en el dominio de la lengua en uso, nos
permite trascender la condición de la lengua como código de "significación"
y abrirnos a la dimensión de la comunicación en el terreno intersubjetivo. Lo
que Benveniste define como "la posibilidad de co-referir", debe entenderse en
el sentido de poner la lengua en acción: establecer un vínculo entre el hombre
y el hombre, y entre el hombre y el mundo "comunicando la experiencia, imponiendo la adhesión, suscitando la respuesta, implorando, constriñendo –
en una palabra– organizando toda la vida de los hombres" (2004: 226).

Para concluir

En el libro *Lector in fabula*, Umberto Eco sostiene:

"un texto postula a su destinatario como condición indispensable no sólo de
su propia capacidad comunicativa concreta sino también de la propia potencialidad significativa. En otras palabras, un texto se emite para que alguien lo
actualice; incluso cuando no se espera (o no se desea) que ese alguien exista
concreta y empíricamente" (1981: 77).

No resulta difícil encontrar resonancias de los argumentos desarrollados por Benveniste que hemos recorrido en las páginas que preceden.

A modo de conclusión, quisiéramos sugerir aquí algunos lineamientos en que los aportes de nuestro autor resultan indispensables para pensar la práctica del *diseño gráfico* desde el punto de vista de sus estrategias enunciativas. Con Benveniste, hemos visto que el protagonismo alternativo de los participantes de la comunicación se inscribe siempre en la lógica del diálogo, por lo que el sentido no está preestablecido ni se encuentra completo en la intención del emisor; antes bien, requiere de la figura del alocutario, demanda una respuesta y se materializa en lo que no es sino un complejo proceso de negociación en el que intervienen diversos elementos. Es que en efecto, lejos de la neutralidad, toda apuesta gráfica se inscribe en un horizonte de época, una *sensibilidad colectiva* –para remitirnos a Clifford Geertz (1993)–, no sólo desde la elección de temas y materiales, sino también desde su repertorio de estilos, modos composicionales y formas retóricas, configurando entre forma y contenido una particular articulación. Es esta última la que definirá el carácter de las figuras de enunciador y enunciatario como construcciones que emergen del propio enunciado.

Volviendo a nuestra cita de Eco, la idea de actualización reemplaza productivamente a la de imposición de un único sentido, proponiendo la comprensión de la escena enunciativa –sea ésta una comunicación cara a cara, escrita, o en el caso del diseño, la composición de una pieza gráfica– como un proceso que involucra una dinámica de anticipación y expectativa en que confluyen múltiples factores, expresivos, históricos, situacionales, que modulan el sentido del enunciado-imagen –término que proponemos en reemplazo del "mensaje", que conlleva la idea de univocidad– y que por su carácter multifacético, abierto, nunca acabado, permite una apertura correlativa de la lectura y la interpretación.

Referencias bibliográficas

ARFUCH, L. (2002) "Dialogismo" en Altamirano, Carlos (comp) *Términos críticos de sociología de la cultura*, Buenos Aires, Paidós.

——————— (1997) *Diseño y comunicación. teorías y enfoques críticos*, Paidós, Buenos Aires.

BAJTIN, M. (2002) *Estética de la creación verbal*, México, Siglo XXI.

BENVENISTE, E. (2004) *Problemas de Lingüística general I*, México, Siglo XXI.

——————— (2004) *Problemas de Lingüística general II*, México, Siglo XXI.

ECO, U. (1981) *Lector in fabula*, Barcelona, Lumen.

FABBRI, P. (2000) *El giro semiótico*, Barcelona, Gedisa.

GEERTZ, C., (1993) "El arte como sistema cultural", en *Conocimiento local, conocimiento global*, Barcelona, Paidós.

VIRNO, P. (2003) *Cuando el verbo se hace carne*, Buenos Aires, Cactus-Tinta Limón.

Apuntes sobre el sentido de la imagen

Daniela Fiorini
Leticia Schilman

¿De qué manera significan las imágenes? ¿Dónde reside su sentido? ¿Qué hay de natural y qué de convencional en una imagen? ¿Tiene la imagen visual un sentido propio independientemente del que le da la cultura? ¿Cómo interviene el lenguaje verbal en el momento de comprender ese sentido?

Estos interrogantes nos han llevado a una indagación respecto de la imagen que creemos útil para el diseño gráfico, ya que tanto en su teoría como en su práctica se ponen en juego problemas acerca del estatuto de la imagen y de las formas de asignarle sentido: el diseñador que considera a la imagen como una simple copia de lo "real" se encuentra en las antípodas del que la piensa como un producto cultural que debe ser interpretado. Una disyuntiva que atraviesa todo el proceso de diseño: el diseñador puede considerarse un mero reproductor de "la realidad" o un productor conciente de significaciones que se echarán a andar en la trama social.

Hemos escuchado hasta el cansancio que vivimos en una civilización de la imagen, que la nuestra es una época visual, que una imagen vale más que mil palabras, lo cierto es que más allá de estas definiciones del sentido común, la omnipresencia de la imagen dificulta la posibilidad de comprender su sentido.

Estamos inclinados a creer que las imágenes que nos rodean nos dicen lo que son de una manera franca y declarada, que entenderlas no requiere de un aprendizaje previo. De este modo, nos parece que su sentido es transparente y natural. Esta idea de la imagen "natural" impide entender los distintos procedimientos culturales puestos en juego –en el diseño, por ejemplo– conciente o inconcientemente, tanto en el momento de su producción como de su lectura.

Sobre esos procedimientos nos centraremos, a partir de distintas perspectivas teóricas, que, creemos, permitirán una comprensión más acabada de la problemática. Es necesario aclarar que el objeto de nuestro análisis será la imagen visual fija, ya que el estudio de la imagen en secuencia o en movimiento tiene su propia complejidad.

El recorrido que proponemos por distintos paradigmas teóricos apunta entonces a situar en un lugar central el problema del sentido como producto de una cultura y una época determinadas.

1. La imagen: ¿representación o convención?

A la hora de analizar el sentido de la imagen aparece insistentemente la idea de copia, de semejanza, de parecido con las cosas. Esta relación de imitación y fidelidad que guardaría la imagen con el mundo "real" todavía impregna nuestras percepciones en torno a la misma.

El presupuesto de que la imagen visual –el caso de la pintura es paradigmático– debe copiar a la naturaleza que le ha servido de modelo, ha sido muy difundido durante el Renacimiento, período en que se le asigna a la imagen la función de re-presentación, es decir, de *volver a presentar* un mundo exterior cuyas reglas pueden ser develadas mediante el saber científico y matemático.

Para el imaginario de la época, pintar es una cuestión mental. La perspectiva se constituye en una herramienta para reproducir los objetos naturales, las "cosas tal como son", vistas por el ojo de un observador neutral. "El espejo es el maestro de los pintores", escribe Leonardo da Vinci. El pintor debe hablar el "lenguaje de la naturaleza", para poder reproducirla de manera fidedigna.

Este paradigma de la representación mimética predominará en la historia del arte hasta avanzado el siglo XIX, cuando comienza a ser cuestionado por movimientos artísticos como el impresionismo. Ya en el siglo XX, las vanguardias estéticas terminan de derrumbar el modo de representación perspectivista para asignarle a la imagen una mayor autonomía. La revolución conceptual y perceptual generada por las vanguardias estéticas de principios del siglo XX llega a infringir la idea misma de "real". La deconstrucción del espacio realizada por el cubismo en la pintura, la institución de múltiples puntos de vista, la depuración de las formas llevada a cabo por la Bauhaus, las formas alucinadas del mundo onírico del surrealismo, la búsqueda de la abstracción, logran que la imagen se libere del mandato de ser el espejo de lo real, para aparecer como el resultado de la percepción del artista.

El cuadro del pintor suprematista Vladimir Malevich "Blanco sobre blanco", no pretende representar a ninguna entidad del mundo real. Por eso la crítica de la época, escandalizada, lo considera "un desierto". Al preguntársele a Picasso acerca del parecido de un cuadro suyo con un caballo, la respuesta del pintor es elocuente: "Esto no es un caballo, esto es un cuadro".

Con la aparición de la técnica fotográfica, el peso de la representación mimética de la realidad recae sobre este nuevo campo. La figura del pintor retratista se ve eclipsada por el fotógrafo, lo cual termina de liberar a la pintura de la tarea de la figuración. Así, la fotografía asume la misión de representar y relevar el mundo de modo fidedigno: una fotografía puede usarse como prueba en un proceso judicial o como testimonio contundente. El retrato fotográfico se toma como prueba de identidad de una persona, así como la práctica periodística o las disciplinas científicas se valen de la foto para validar la existencia o inexistencia de un hecho. En este campo, imagen y realidad aparecen fuertemente ligadas.

En lo que hace al diseño, en la segunda década del siglo XX, comienza a conformarse como una nueva disciplina a partir de la constitución de escuelas destinadas a la enseñanza y a la difusión de dicha práctica, como la Bauhaus y el Constructivismo ruso.

En ambas escuelas el diseño se piensa como la generación de objetos enteramente nuevos, que transformarán a la sociedad existente. El rechazo explícito del arte académico, figurativo, y de su función representativa se hace en pos de una imagen pura y despojada de tradiciones. El objeto o la pieza diseñada tienen su fundamento en la idea de *construcción*, y no en la de reproducción, típica de las prácticas artísticas tradicionales. Así, en las escuelas de diseño también se debate en torno a la compleja relación entre la imagen y lo real.

Algunos teóricos de la Bauhaus, como el pintor ruso Vassily Kandinski, sostienen la idea de que la imagen tiene un sentido en sí misma, independientemente de los significados asignados por la cultura. En su libro *De lo es-*

piritual en el arte (1912), el artista plantea la existencia de una correlación fija entre determinadas formas, colores, sonidos y estados anímicos.[100]

Esta teoría es tildada de conservadora ya que postula la existencia de categorías transhistóricas y universales, invariables a través del tiempo. Sin embargo, estas ideas ya están presentes en los primeros debates acerca de la naturaleza de la imagen. Platón, en el *Cratilo,* cuestiona la relación entre las palabras y las cosas y se pregunta si esta relación es de índole natural o convencional. Sin embargo, en el caso de las imágenes Platón tiene la certeza de que éstas son copias de las cosas puesto que comparten con ellas una esencia común.

Contra la idea de que las imágenes imitan "naturalmente" a las cosas, distintas disciplinas como la semiología, la antropología o la sociología, enfatizan el carácter convencional y culturalmente codificado de las imágenes. En otras palabras, el sentido está instituido por la cultura y para aprehenderlo es necesario el conocimiento de ciertos códigos. La semiótica plantea que la noción misma de imagen es convencional ya que no hay nada en ella de "natural" respecto de los objetos que representa.

Esta perspectiva ha influido considerablemente en algunas corrientes dedicadas a examinar críticamente la historia del arte. Los estudios de Michael Baxandall (1978) apuntan a la idea de que la percepción es culturalmente relativa, dado que en el momento de comprender una obra de arte se ponen en juego competencias históricamente variables. Un hombre del Renacimiento ve diferentes gradaciones de azul ultramarino –de uno, dos o tres florines la onza– donde un hombre contemporáneo percibe solamente "azul". Desde la perspectiva de Baxandall, una obra de arte depende de categorías, convenciones y un contexto que son culturalmente relativos. Una pintura del Renacimiento como "El nacimiento de Venus" de Botticcelli, sólo puede ser interpretada cabalmente si el espectador está imbuido del "ojo de la época"[101], es decir, si tiene acceso a ciertos conocimientos y competencias propias del momento histórico.

Por otra parte, desde la antropología cultural, de base semiótica, una teoría del arte es necesariamente una teoría de la cultura, y una obra de arte es un

---

[100] Kandinski postulaba axiomáticamente la existencia de relaciones entre el color amarillo y el canto de un canario, el marrón y el mugido de una vaca, o el violeta y la melancolía, entre otros.

[101] Esto supone el conocimiento de los movimientos de la "bassa danza", que están plasmados en la obra, competencias vinculadas con la mitología clásica humanista, y la puesta en juego de nociones de aritmética y geometría adquiridas en la vida cotidiana.

sistema de signos que deben ser interpretados. "El arte y las aptitudes para comprenderlo se confeccionan en un mismo taller" (Geertz, 1994: 144). El autor señala que la línea recta en la pintura yoruba, o el óvalo en la cultura abelam, por ejemplo, no son elementos meramente formales sino que dependen del contexto social en el que se producen y están intrínsecamente relacionados con un "conocimiento local".

Por lo tanto, desde la perspectiva semiótica, podemos considerar que las imágenes que forman parte de nuestro mundo visual no son formas abstractas dotadas de una significación universal, transcultural o unívoca sino más bien productos culturales que sólo pueden ser leídos como signos, en el marco de una historicidad.

2. La imagen como signo: la mirada semiológica

En los años sesenta, la semiología estructuralista adopta el paradigma saussureano aplicando los conceptos de la lingüística a otros campos significantes. Recordemos que según Ferdinand de Saussure, el sistema de la lengua está compuesto por signos, es un conjunto de unidades mínimas y discretas. El signo –unidad mínima– es una entidad compuesta por dos caras, significado y significante, cuya relación es arbitraria, es decir, inmotivada, no sujeta a ningún orden "natural". Los signos adquieren significación dentro de un sistema, un conjunto de elementos cuyo sentido es mayor a la suma de las partes. Al interior del sistema, las identidades respectivas se definen por oposición y poseen por lo tanto un valor diferencial.

Las corrientes más ortodoxas del estructuralismo extienden las categorías lingüísticas al análisis del campo visual considerando que toda imagen puede pensarse como signo o sistema de signos. Los intentos de homologación de lo verbal a lo visual, se sustentan en el supuesto de que toda imagen está atravesada por el lenguaje y no se puede hablar de sentido por fuera de éste. Esta idea puede rastrearse en los postulados de Saussure, cuando afirma que no se pueden formular ideas o conceptos por fuera del sistema de la lengua.[102]

---

[102] Con esto Saussure se opone a la tradición lingüística del siglo XIX que asociaba al lenguaje con la idea de nomenclatura. Para Saussure este enfoque era errado porque presumía la existencia de ideas que antecedían a las palabras.

En esa dirección, Roland Barthes, en un intento de equiparación de lo verbal a lo visual, plantea que todo objeto o imagen visual está atravesado por el lenguaje verbal:

> "Jamás nos encontramos con objetos significantes en estado puro; el lenguaje interviene siempre como intermediario, especialmente en los sistemas de imágenes, bajo la forma de títulos, leyendas, artículos; por eso no es justo afirmar que nos encontramos exclusivamente en una cultura de la imagen". (Barthes, 1993: 246).

La primera semiología estructuralista se ocupará entonces de analizar el sentido de la imagen a través de la búsqueda de signos en tanto *unidades mínimas y significantes*.[103] Siguiendo este análisis, cualquier objeto –una foto, un afiche publicitario, un cuadro, una pieza de diseño– puede ser descompuesto analíticamente en unidades fijas y discretas: signos, que a partir de su articulación, dan cuenta del sentido presente en el mensaje analizado.

En el caso del diseño también sería posible encontrar unidades fijas y segmentadas: las variaciones formales y cromáticas, las distintas tipografías, las figuras o trazos, no serían otra cosa que *signos*.

El modelo estructuralista aplicado al campo de la imagen plantea otras derivaciones analíticas como la adopción de categorías lingüísticas –la retórica, la gramática, la sintáctica– para el análisis visual. Según Barthes "Los criterios del lenguaje publicitario son los mismos que los de la poesía: figuras retóricas, metáforas, juegos de palabras" (Barthes, 1993: 242). Esto permite la extrapolación de figuras del lenguaje –la metáfora y la metonimia-, para dar cuenta del universo de lo visual con mayor especificidad. Esta postura plantea varios problemas, entre ellos, el de la relación de semejanza.

---

[103] Otras disciplinas como la antropología también adoptaron este enfoque. Al respecto Claude Lévi–Strauss, en la Obertura de *Lo crudo y lo cocido*, apunta: "Si la pintura merece ser llamada lenguaje, es porque, como todo lenguaje, consiste en un código especial cuyos términos son engendrados por combinación de unidades menos numerosas que participan ellas mismas de un código más general." (Lévi-Strauss, 1996:29)

2.1. El problema del iconismo

Uno de los obstáculos que surgen a la hora de pensar a la imagen como entidad semiótica es la compleja relación que entabla con su objeto o referente. Al respecto, resulta clave la polémica desarrollada a principios de los años setenta entre Umberto Eco y Tomás Maldonado, en torno al problema del iconismo.

Para abordar este debate es necesario retomar algunas nociones teóricas del paradigma semiótico de Charles S. Peirce (1987). Para Peirce un signo representa a algo (su objeto), en algún aspecto o carácter, generando una idea (su interpretante). El signo o *representamen* está en lugar de otra cosa.[104] Por lo tanto aquí reaparece el problema del referente, dejado de lado por Saussure por considerarlo no pertinente para la semiología.

Para Saussure –como analiza Julián Vazeilles en su capítulo–, el signo no está en lugar de ningún objeto: significado y significante, los dos componentes del signo, tienen un carácter puramente psíquico. A diferencia de ese binarismo, el signo peirciano, plantea una relación triádica: representamen, objeto e interpretante. Es fundamental estudiar las relaciones que se establecen entre el signo y su objeto –icónica, indicial, simbólica– para abordar el problema de la imagen. Un ícono (una imagen) es, para Peirce, aquel signo que se vincula con el objeto fundamentalmente a partir de la semejanza.

La polémica entre Eco y Maldonado mencionada anteriormente se desarrolla justamente en torno a la noción de ícono. Desde la postura semiológica estructuralista que sostiene Eco, la noción de ícono representa un problema ya que plantea una relación entre la imagen y su referente u objeto, descartada por Saussure.

Eco, en consecuencia, no toma en cuenta al objeto, al que considera una "realidad extralingüística" que carece de pertinencia para la semiología. El signo no se pone en relación con un referente, sino con otros signos.

La propuesta de Eco consiste en reformular la noción de icono. El ícono, para él, deja de ser una relación entre una imagen o signo y el objeto que representa, para convertirse en una relación entre dos términos constitutivos

---

[104] De todos modos para Peirce el objeto representado no es el objeto real (objeto dinámico), al cual nunca podemos acceder, sino una entidad interior a la semiosis (objeto inmediato).

del signo. El iconismo pasaría a ser una relación codificada culturalmente, entre un plano de la expresión y un plano del contenido, donde la relación de semejanza con el objeto o referente está completamente ausente.[105]

En sus investigaciones, Eco plantea que cualquier relación de semejanza siempre está codificada, es "efecto de una decisión cultural y como tal requiere de una percepción adiestrada" (Eco, 1988: 303). Para el autor, la semejanza es una operación del conocimiento y requiere de un aprendizaje. Por ese motivo, las cosas que son semejantes para una cultura no necesariamente lo serán para otra.[106]

Mientras que para Eco la relación icónica está siempre previamente codificada y se basa en una convención cultural, para otros autores, como Maldonado, el ícono no depende de una convención y la imagen no requiere de un código para ser leída o interpretada.

Maldonado elabora una crítica al enfoque de Eco acusándolo de simplista y de ignorar el principio de realidad al no tener en cuenta que el ícono tiene un sentido empíricamente comprobable.

Para Maldonado las imágenes tienen un valor referencial. Una imagen de la luna vista a través de un telescopio registra un segmento de la realidad, representa al "referente luna" y es semejante al objeto físico que se quiere conocer. Plantea la existencia de una semejanza entre la luna observada por la lente del telescopio y la "luna real", que no depende de códigos ni de convenciones.

Siguiendo este análisis, toda imagen es una proposición "algo capaz de significar un estado de cosas", un modelo de la realidad. "Un modelo en yeso de un cocodrilo se apropia de la palabra cocodrilo a falta del animal verdadero" (Maldonado, 1974: 235).

---

[105] Eco utiliza las categorías planteadas por Hjemslev (1968) para reformular el signo saussureano utilizando los términos de "expresión" y "contenido" para referirse al significante y significado respectivamente.

[106] Para ejemplificar que la semejanza es una relación de carácter cultural, Eco plantea: "La experiencia común nos dice que la sacarina es 'semejante' al azúcar. En cambio, el análisis químico muestra que las dos sustancias no tienen propiedades comunes (...) Ni siquiera podemos hablar de semejanza visual, porque en ese caso el azúcar sería más semejante a la sal. Digamos, entonces, que las que llamamos propiedades comunes no conciernen a la composición química sino al EFECTO de los dos compuestos en las papilas gustativas. Producen el mismo tipo de experiencia, ambos son 'dulces'. La dulzura no es una propiedad de los dos compuestos, sino un resultado de su interacción con nuestras papilas, pero este resultado se vuelve pertinente en una civilización culinaria que ha opuesto todo lo que es dulce a todo lo que es salado, áspero o amargo". (Eco, 1988: 297).

En esta misma línea, el historiador del arte Ernst Gombrich, plantea que para leer correctamente una imagen debemos tener en cuenta el papel que ésta juega en nuestra adaptación a un medio ambiente. Ciertas imágenes tendrían un "valor biológico" irreductible a lo cultural. Gombrich argumenta que "el pez que se traga a la mosca artificial no pregunta al lógico en qué aspectos se parece a una mosca y en qué otros no" (Gombrich, 1991: 268). Sostiene que comprendemos las imágenes porque ponemos en juego facultades tanto innatas como aprendidas, pero que sin un punto de partida "natural" nunca podríamos lograrlo.

Sin embargo, es difícil sostener la idea de una total ausencia de códigos a la hora de encontrar el sentido de una imagen. ¿Es posible analizar una imagen sustrayéndola del contexto en el cual es producida? ¿Existe el mismo grado de codificación en el campo de lo visual que en el campo de lo verbal? Según Gombrich, las competencias puestas en juego a la hora de encontrarle sentido a una fotografía y reconocer en ella un significado, son menores que las requeridas para abordar un texto en latín. Desde nuestra perspectiva no es posible cuantificar la diferencia entre lo verbal y lo visual, pero es necesario conceptualizar la relación compleja entre ambos lenguajes a partir de nociones como código y convención.

Siguiendo a Eco en este punto, la noción de código cultural es clave para el análisis semiótico de la imagen.

2.2. Los límites del primer modelo semiológico

La aplicación de los conceptos de la primera semiología estructuralista al campo de las imágenes presenta limitaciones vinculadas con la traslación punto por punto del plano de lo verbal al plano de lo visual. Al tratarse de dos lenguajes diferentes, con características propias, ¿es posible extrapolar categorías de la lengua para dar cuenta del sentido de las imágenes?

Autores como Émile Benveniste ya habían cuestionado la homologación de ambos lenguajes, dado que cada uno tiene su especificidad. El autor plantea que no hay "sinonimia" entre sistemas semióticos, que no puede "decirse la misma cosa" mediante la palabra y la pintura, por ejemplo, porque se trata de dos sistemas diferentes. Benveniste se pregunta si pueden reducirse todos los sistemas semióticos a unidades llamadas signos. La respuesta es negativa. Sistemas como la "lengua musical" contienen unidades mínimas, pero no son signos (unidades significantes). En las artes figurativas –pintura, dibujo, escultura– es cuestionable la existencia de unidades mínimas.

> "El artista no recibe un repertorio de signos, reconocidos tales, y tampoco establece ninguno. El color, un material, trae consigo una variedad ilimitada de matices que pasan uno a otro y ninguno de los cuales hallará equivalencia con el signo lingüístico… La significancia del arte no remite nunca a un convención idénticamente heredada entre copartícipes. Cada vez hay que descubrir sus términos, que son ilimitados en número, imprevisibles en naturaleza, y así por reinventar en cada obra –en una palabra, ineptos para fijarse en una institución." (Benveniste, 1977: 62–63).

La lengua, por el contrario, basa la posibilidad de todo intercambio en la existencia de términos –signos– imitados, previsibles y convencionalmente instituidos. Por lo tanto, dos sistemas semióticos de fundamentos diferentes no pueden ser mutuamente convertibles. El reconocimiento de estas diferencias permite superar la noción saussureana de signo en el plano de la visualidad.

Umberto Eco también plantea la dificultad de distinguir en forma precisa *unidades mínimas y discretas* dentro de la imagen. Según el autor esta imposibilidad radica en que la imagen, a diferencia del lenguaje verbal, no tiene doble articulación.[107] No podemos subdividir a la imagen en unidades mínimas fijas e invariables ya que persiste en ella una cualidad analógica o motivada. La arbitrariedad, –característica necesaria para el sistema saussureano de la lengua–, no puede verificarse de igual modo en los códigos visuales.

El problema reside en la imposibilidad de plantear una relación fija y unívoca entre los componentes del signo. La relación inmutable que Saussure postula entre el significante y el significado no puede aplicarse a la imagen, dado su carácter ambiguo y variable –según Eco está regida por un código débil– que deviene del contexto en el cual se produce. "Es cierto que puedo decir 'hombre' verbalmente en centenares de dialectos y lenguas, pero aun

---

[107] Eco sugiere que, a diferencia del lenguaje verbal que puede descomponerse en unidades mínimas, significativas y distintivas –fonemas, morfemas, monemas–, en el caso de las imágenes no es posible esta operación ya que están regidas por códigos débiles e imprecisos.

cuando se tratara de decenas y decenas de miles todos estarían codificados debidamente, mientras que las miles y miles de maneras de dibujar a un hombre no son previsibles." (Eco, 1988: 315)

Eco distingue entre códigos débiles o *ratio difficilis* –más laxos y abiertos y de límites imprecisos– que se corresponden con los sistemas de imágenes, y códigos fuertes o *ratio faccilis*, propios del lenguaje verbal. (Eco, 1988: 282).[108]

Los límites teóricos que surgen en torno a la búsqueda de unidades mínimas significantes en las imágenes, llevan a Eco a plantear en este terreno la crisis del signo, para adoptar una noción más amplia: la de texto. "En el caso de las imágenes tenemos que ocuparnos de bloques macroscópicos, textos cuyos elementos articulatorios son indiscernibles" (Eco, 1988: 321).

De esta manera, el análisis en el campo de lo visual no supone el reconocimiento de unidades mínimas y discretas, sino un análisis global de la pieza visual. Además no es posible analizar las imágenes de forma aislada sin tener en cuenta el contexto en el cual éstas son producidas. El sentido es contextual y no supone una mera sumatoria de elementos o signos.[109]

La noción de texto trae aparejada la necesidad de actualización o lectura, es decir de una interpretación. Como todo acto de comunicación, el texto implica un destinatario, un lector que debe poner en juego sus competencias interpretativas. La lectura de una imagen, entonces, no es un proceso de aprehensión inmediata, sino que consiste en una serie de operaciones complejas que debe realizar el lector.

3. La imagen en la trama discursiva

Un aporte indispensable para enriquecer el análisis de lo visual es la teoría de la enunciación, que trabaja sobre el espacio discursivo y cuyos exponentes teóricos mayores son Mijail Bajtín y Émile Benveniste.

---

[108] Christian Metz (1974), en sus estudios semiológicos sobre el cine, plantea que en el análisis de la imagen fílmica, surgen problemas similares: la ausencia de unidades discretas que tengan alguna mínima semejanza con los morfemas del sistema de la lengua y la ausencia de un criterio de gramaticalidad.

[109] En la misma línea, Christian Metz propone abandonar el modelo de la lingüística en el análisis del mensaje cinematográfico, para centrarse en la noción de texto con el objeto de abarcar el mensaje en su totalidad y delimitar un corpus analítico amplio. Es así que puede hablarse de un "film–texto", una "fotografía–texto" e incluso la obra total de un autor puede verse como un texto.

Mientras que la semiología opera con un sistema cerrado y abstracto de signos, las teorías de la enunciación se centran en las situaciones comunicativas concretas, el aquí y el ahora del discurso. Esto supone el pasaje de la instancia de la lengua como código al lenguaje como discurso.

Recordemos que la lingüística de base saussureana, al oponer lengua y habla, se centra en el estudio del código –la lengua– y descarta el análisis del habla, en tanto la considera ejecución individual. Este aspecto, vinculado con el uso concreto de la lengua, es retomado por Bajtín y Benveniste.

Tal como ha sido analizado en el capítulo anterior, Benveniste desarrolla la idea de enunciación como la puesta en funcionamiento de la lengua por un acto individual de utilización, pero que inmediatamente instaura a un *otro* como destinatario. Antes de la enunciación, la lengua es una mera posibilidad. En el acto de la enunciación el enunciador se apropia del aparato formal de la lengua, teniendo como co-referente a ese otro, y así la lengua deviene discurso.

Este aparato formal consiste en ciertas marcas específicas que ponen al locutor en relación constante y necesaria con su enunciado: los pronombres personales (yo, tú), los índices de ostensión (éste, ése, aquí) y los tiempos verbales, que delimitan el aquí y el ahora de la enunciación, y de esa manera un "pasado" y un "futuro".

Para una analítica de lo visual, sería necesario plantear marcas específicas y propias de la imagen, que vinculen al enunciador, el destinatario y el enunciado y que a la vez no sean una transcripción lineal de las marcas enunciativas propias de la lengua.

¿Puede la imagen entenderse como un discurso, en el sentido en el que lo plantea Benveniste, como la puesta en juego de la lengua y la apropiación de la palabra?

En la imagen hay un enunciador, que es la condición necesaria de todo discurso, pero éste intenta borrar sus huellas en el enunciado para generar la ilusión, como en el caso de la imagen fotográfica, de que nadie está detrás de la cámara, de que nadie mira al modelo fotografiado. En ninguna parte de la imagen –salvo en el caso límite de la firma– se explicita la presencia del enunciador, excepto cuando se trata de marcas estilísticas reconocibles que traducen la subjetividad del autor. Sin embargo, se pueden encontrar huellas de la enunciación en la fotografía: mirada a cámara, encuadre, virajes cromáticos, fotomontaje, etc.

Desde la perspectiva de Bajtín todo acto de comunicación reviste la forma del diálogo, es decir que todo enunciado está prefigurando una respuesta desde el momento mismo en que se produce. Es necesario recalcar la importancia de este paradigma a la hora de pensar las teorías del discurso, en tanto protagonismo simultáneo del enunciador y el destinatario.

"…Bajtín concibe la comunicación, no como una ´ida y vuelta´ entre un enunciador y un destinatario sino como un diálogo constante; no ya como un proceso donde uno habla y el otro escucha para, con suerte, asumir después la palabra, sino como un intercambio simultáneo, un protagonismo *doble*, donde la postura de respuesta del oyente está en formación desde el principio" (Arfuch, 1997: 163-164).

Mientras que el modelo saussureano describe a un receptor pasivo que a partir del conocimiento de un código puede comprender el sentido del mensaje tal como es emitido, Bajtín desarrolla una idea de la comunicación no lineal, donde el destinatario ya está presente en el enunciado –aun antes de ser formulado– como una figura hipotética de receptor, con saberes, expectativas, deseos, objeciones…

Para Bajtín, la "lengua" saussureana es siempre neutra, no tiene estilo, no está enmarcada en un contexto, no le pertenece a nadie. En cambio, el enunciado –la unidad mínima de la comunicación discursiva –tiene un autor, genera siempre una respuesta, supone la presencia de un otro que lejos de ser un oyente pasivo es un constructor activo de nuevos significados.

Siguiendo la concepción bajtiniana podemos pensar la imagen como una *forma discursiva*. Está dirigida a alguien, y las marcas o huellas de ese destinatario están siempre presentes en el discurso visual. Asimismo, lejos de poder analizarse de manera aislada, la imagen está inmersa en un contexto sociocultural y circula en una red discursiva emparentándose con otros discursos.

4. La imagen como acto de habla

La teoría de la enunciación, al ocuparse de analizar los usos de la lengua como discurso y las actualizaciones y apropiaciones constantes por parte de los sujetos, nos lleva a establecer relaciones con el campo de la pragmática.

La pragmática aborda, más que el estudio de un lenguaje determinado, la utilización que hacen de él los sujetos hablantes. Por pragmática se entiende:

> "El estudio de los principios que regulan el uso del lenguaje en la comunicación, es decir, las condiciones que determinan el empleo de enunciados concretos emitidos por hablantes concretos en situaciones comunicativas concretas, y su interpretación por parte de los destinatarios." (Escandell Vidal, 1993: 16).

El enfoque pragmático implica considerar los factores extralingüísticos que determinan el uso del lenguaje y que no pueden ser estudiados desde un enfoque gramatical: las figuras del emisor y el destinatario, la intención comunicativa, el contexto verbal y extra verbal.[110] No basta con entender las palabras, hay que saber a qué objetos, hechos o situaciones se refieren, y qué utilización hacen de ellas los sujetos hablantes.

Desde una perspectiva pragmática, el filosofo del lenguaje John Austin[111] sostiene que decir algo supone siempre *hacer algo*: al enunciar una frase cualquiera, se cumplen tres actos simultáneos: el acto locucionario –que sería equivalente al significado-, el ilocucionario –la acción que se realiza *al decir algo*– y el perlocucionario –que produce un efecto, intencional o no, verbal o no, en el oyente, por ejemplo, convencer, disuadir o simplemente cerrar una puerta.

La performatividad alude a la posibilidad implícita en todo lenguaje de un tipo de acción, es decir, la capacidad de producir cambios, incluso no buscados, en distintas situaciones comunicativas y esferas de la realidad.

En este sentido, toda imagen tiene una dimensión performativa, ya que más que describir estados de cosas –capacidad de abstracción, descriptiva, simbólica del lenguaje– *hace cosas*. Un cuadro, una ilustración didáctica, un diagrama, un álbum de fotos familiares, parecerían carecer de performatividad, haciéndonos creer que simplemente están ahí para transmitir una serie de informaciones dadas. Sin embargo, detrás de su aparente inocencia, pro-

---

[110] La pragmática reintroduce en el estudio del lenguaje la noción de objeto o referente, descartada por la semiología estructuralista.

[111] Filósofo inglés, incluido dentro de la "filosofía del lenguaje ordinario", que desarrolló su enseñanza en la universidad de Oxford (1911–1960).

ducen cambios en la situación: incitan, estimulan, perturban, movilizan la capacidad de cognición y comprensión.

Por el contrario, disciplinas como el diseño y la publicidad no ocultan esta dimensión performativa, sino que explicitan el objetivo de convencer, disuadir, prescribir actitudes y comportamientos, es decir, de *hacer ser y hacer*.

Sin embargo, dado que el proceso comunicativo no se reduce a las intenciones racionales, prefiguradas por el publicista o el diseñador, no hay ninguna garantía de que se produzcan los efectos buscados:

> "En esta línea de pensamiento [se refiere a la concepción de la comunicación en Derrida] el desvío, la deriva, el malentendido no aparecen como infortunios u obstáculos en el camino de una comunicación 'feliz', sino más bien como la posibilidad misma del lenguaje –de los lenguajes– y, por ende, de la comunicación" (Arfuch, 1997: 145).

En relación con las posibilidades performativas de la imagen[112], Gombrich sostiene que "la imagen visual tiene supremacía en cuanto a la capacidad de activación, que su uso con fines expresivos es problemático, y que, sin otras ayudas, carece en general de la posibilidad de ponerse a la altura de la función de exposición del lenguaje" (Gombrich 1991:130). Pero si bien el medio visual no posee el grado de abstracción presente en el mensaje verbal y carece de la capacidad de formular inferencias lógicas, sin embargo la imagen puede funcionar como señal para producir reacciones, es decir, despertar o activar un estado mental en el destinatario, aunque hay atributos característicos de la lengua como, por ejemplo, la facultad de la negación.[113] Retomando los postulados de John Austin, Guy Gauthier plantea la existencia de imágenes performativas, con la capacidad de provocar cambios en los estados de cosas. Si bien la imagen tiene poca capacidad descriptiva o constatativa, es un "enunciado performativo de acción ampliamente diferida y con rendimiento incierto" (Gauthier, 1992: 234). En cuanto a sus posibilidades, la imagen muestra limitaciones en su capacidad descriptiva si la comparamos con el lenguaje verbal.

---

[112] Gombrich se vale de la clasificación propuesta por el lingüista Karl Buhler, quien distingue entre las funciones de expresión, activación y descripción para analizar el lenguaje.

[113] Para Gauthier, sin embargo las imágenes en movimiento o aquellas que poseen la capacidad de juego secuencial como el *comic*, pueden transformar una constatación en un estado negativo.

En efecto, la negación, la disyunción y la causalidad, atributos propios de la lengua verbal, le están vedados a la imagen. La imagen no dispone del "no", ni del "o", ni del "por qué", ni del "sí". En todo caso ésta podría dar cuenta del "y", de la yuxtaposición o co-presencia de elementos en ella. Al no disponer la imagen de estas características y al no estar condicionada por los tiempos verbales –aquellos que sitúan el aquí y el ahora del discurso–, la imagen nos presenta la ficción de que está transcurriendo ahora, en un tiempo siempre presente, excluyendo, según Gauthier, el pasado y el futuro.

La lógica de la imagen difiere de la lógica del lenguaje verbal. Lo visual no cuenta con los medios necesarios para representar las determinaciones lógicas de las que se vale el lenguaje –principios de identidad, de diferencia, relaciones causales. A partir de esta ausencia de determinaciones lógicas, buscar el sentido de una imagen supone el *reconocimiento de una especificidad* que no se reduce a las categorías de lo verbal.

Estas ideas nos permiten repensar desde otras perspectivas la propia práctica del diseño, ya no como una serie de operaciones y combinatorias formales, sino como una construcción incesante de significaciones dentro de un contexto histórico y cultural, que permite tanto una interpretación o lectura crítica de los sentidos ya existentes, como la posibilidad de una mirada más amplia para la generación de nuevos sentidos.

Referencias bibliográficas

ARFUCH, L. (1997) "El diseño en la trama de la cultura: desafíos contemporáneos", en *Diseño y comunicación. Teorías y enfoques críticos*, Buenos Aires, Paidós.

AUSTIN, J. (1990) *Cómo hacer cosas con palabras*, Barcelona, Paidós.

BAJTIN, M. (1982) "El problema de los géneros discursivos", en *Estética de la creación verbal*, México, Siglo XXI.

BARTHES, R. (1993) *La aventura semiológica*, Barcelona, Paidós.

BAXANDALL, M. (1978) *Pintura y vida cotidiana en el Renacimiento*, Barcelona, Gustavo Gili.

BENVENISTE, E. (1971) "El aparato formal de la enunciación", en *Problemas de lingüística general*, México, Siglo XXI.

ECO, U. (1988) *Tratado de semiótica general*, Barcelona, Lumen.

ECO, U. (1988) *Signo*, Barcelona, Labor.

ECO, U. (1970) "Semiología de los mensajes visuales", en *Análisis de las imágenes*, VVAA, Barcelona, Buenos Aires.

ESCANDELL VIDAL, M. (1993) *Introducción a la pragmática*, Barcelona, Antrophos.

GAUTHIER, G. (1992) *20 lecciones sobre la imagen y el sentido*, Madrid, Cátedra.

GEERTZ, C. (1994) *Conocimiento local. Ensayos sobre la interpretación de las culturas*, Barcelona, Paidós.

GOMBRICH, E. (1991) "Imagen y código: alcance y límites del convencionalismo en la representación pictórica", en *La imagen y el ojo*, Madrid, Alianza.

KANDINSKY, V. (1912) *De lo espiritual en el arte*, Buenos Aires, Andrómeda.

LEVI STRAUSS, C. (1996) "Lo crudo y lo cocido", en *Mitológicas*, México, Fondo de Cultura Económica.

MALDONADO, T. (1974) "Apuntes sobre la iconicidad", en *Vanguardia y racionalidad. Artículos, ensayos y otros escritos*, Barcelona, Gustavo Gili.

METZ, C. (1974) "El estudio semiológico del lenguaje cinematográfico", en Revista *Lenguajes*, Año 1, N° 2, Buenos Aires, Nueva Visión.

PEIRCE, C. (1987) *Obra lógico-semiótica*, Madrid, Taurus.

SAUSSURE, F. (1991) *Curso de Lingüística General*, Madrid, Alianza Universidad.

El problema de la iconicidad. ¿Naturaleza o convención? Sobre "Semiología de los mensajes visuales" de Umberto Eco*

Laura Corti
Luisina Perelmiter

1. Introducción

La reflexión semiológica sobre el ámbito de lo visual comienza cuando asumimos un hecho bastante evidente: que no todos los fenómenos comunicativos son fenómenos lingüísticos. Menos evidentes, sin embargo, son las preguntas que este hecho instala: ¿Cómo pensar la comunicación no verbal? ¿Mediante un uso adaptado de las categorías de la lingüística o acuñando otras categorías? El interés por elaborar una semiología de las comunicaciones visuales está estrechamente vinculado con estas preguntas.

En efecto, para Eco, el primer objetivo de una interpretación semiológica de lo visual se asocia al programa disciplinario de la semiología como ciencia autónoma. Si la semiología logra mostrar que no todos los fenómenos comu-

---

* Umberto Eco es una figura relevante en el pensamiento contemporáneo, con una formación multifacética y poco convencional: crítico literario, semiólogo y novelista. Nació en 1932 en Turín y se doctoró en Filosofía y Letras en 1954. Como profesor de Comunicación visual, en Florencia, publica sus estudios más importantes de semiótica: *Obra Abierta* (1962), *La estructura ausente* (1968) y *Tratado de Semiótica General* (1975). Para el autor la semiótica general no puede pensarse al margen del discurso filosófico, y tiene como tarea ya no el análisis de un sistema particular de signos sino la postulación de categorías generales que permitan la comparación entre sistemas. A lo largo de su obra se observa una fuerte influencia de la teoría peirceana, que se conjuga con un intento de pensar el estudio de los sistemas de signos y fenómenos comunicativos por fuera de una teoría estrictamente semiolingüística.

nicativos pueden explicarse con categorías de la lingüística, probaría al mismo tiempo su independencia. Pero ¿cómo mostrarla si no acometiendo la tarea concreta de definir teóricamente algún sistema de comunicación no lingüístico?

Será necesario, entonces, definir un objeto de reflexión teórica que constituya el punto de partida para la concreción de este programa más amplio. Este objeto será, precisamente, la comunicación visual. Comenzando por el sistema cultural de signos visuales, conjetura Eco, se podrá luego avanzar sobre otros sistemas comunicativos no verbales.[114]

Ahora bien, recortado el objeto faltaría encontrar su problemática específica. Aquí, nuevamente, Eco recurre al método de interrogación que considera propiamente semiológico. Así como Saussure se preguntó sobre la validez científica de entender a la lengua como una nomenclatura, para cuestionarla, Eco también se interroga sobre la validez de pensar la comunicación visual a partir de la experiencia común y corriente de la percepción. ¿En qué consiste esta experiencia? Sencillamente, en que percibimos una manzana a través de una representación gráfica de una manzana en la medida en que creemos que la misma es *semejante* a "la manzana". Lo hacemos, además, de un modo absolutamente espontáneo. ¿Por qué?

Según el autor, la respuesta ingenua diría: porque los signos visuales tienen una *semejanza innata* con los objetos reales que representan. Lo mismo diría cualquiera de nosotros si a alguien se le ocurre preguntar lo mismo, percibimos semejanza porque *hay* semejanza. Es normal que nadie se ocupe de percibir y al mismo tiempo reflexionar sobre el mecanismo de la percepción. Sin embargo, ni bien nos detenemos en los supuestos de esta experiencia, aparece un problema: ¿Cómo determinar qué elementos tienen en común la representación gráfica de un objeto y el objeto representado? Si la semiología

---

[114] Del mismo modo, Barthes se pregunta por la especificidad de la significación en la imagen. En correspondencia con los interrogantes de Eco, para Barthes el problema central de una semiología de la imagen es, precisamente, en qué medida la representación analógica produce sistemas de signos (códigos) y, subsecuentemente, de qué modo la imagen adquiere sentido. Podríamos decir, no obstante, que mientras en Eco la comunicación visual es un objeto de reflexión teórica de un carácter más general –que incluye, indiferenciadamente, desde la mecánica de la percepción, hasta los más variados medios de expresión, como el dibujo, la fotografía o el cine– para Barthes la significación icónica está definida, en parte, por la especificidad de sus lenguajes y contextos de funcionamiento: publicidad, arte, etcétera. (Barthes, 1972).

178

no quiere reproducir la ingenuidad del sentido común, señala Eco, debe enfrentar esta pregunta.

Para decir que las imágenes se parecen a la "realidad" que representan, ¿cómo habría que concebir la naturaleza de esa "realidad"? Básicamente, dice Eco, hay que dar por sentado que la misma existe con independencia de la percepción visual y sus mecanismos. Esto es, que hay una realidad natural, anterior y exterior a los signos. Sin embargo, suponer que los fenómenos visuales son analogías del mundo natural es creer que lo que percibimos como "realidad" no es una construcción cultural convencionalizada, sino la cosa en sí misma. Por el contrario, como va a sostener Eco, el mecanismo de la percepción opera a partir de convenciones culturales, de modo que no podemos seguir sosteniendo el carácter innato de la semejanza icónica. Tal semejanza ya no podrá ser remitida a las cosas representadas, sino a los códigos culturales que la producen como tal.

La propuesta de Eco va a construirse, entonces, sobre la base de cuestionar esta suerte de naturalismo icónico y para diferenciar, mediante un criterio intrasemiológico, "grados" de semejanza icónica. Pero si no es verdad que percibimos una realidad objetiva, ¿mediante qué mecanismos creemos que sí lo hacemos? En palabras de Eco: "¿Cómo un signo, gráfico o fotográfico, que no tiene ningún elemento material en común con las cosas, puede aparecer *igual a las cosas*?" Efectivamente, si no hay elementos materiales comunes, lo que se comunicaría serían *formas relacionales iguales*: lo que hay que saber, concluye, es "*qué son, cómo son, y cómo se comunican* esas relaciones" (Eco, 1970: 29, el subrayado es nuestro).

2. Percepción y convención en el signo icónico

Para abordar el debate sobre la naturaleza de la semejanza icónica, es necesario remitirnos a las clasificaciones del signo propuestas por Charles S. Peirce. En especial, a la segunda tricotomía formada por las categorías de *ícono, índice y símbolo*. Ésta surge de considerar los distintos tipos de vínculos que el signo puede guardar con su *objeto dinámico*. Así, un ícono es un signo que representa a su *objeto* por semejanza o analogía; en el caso del índice, el vínculo representativo se da por constatación de existencia, ya que el *objeto* debe existir para que el *representamen* funcione como huella de aquél. Aquí la representación exige relaciones de contigüidad –una flecha indicando la salida–[115], o de causalidad –las cenizas indicando la previa existencia de fuego–. Cuando hablamos de símbolos, la relación entre *representamen* y *objeto* se establece por ley o convención: ejemplo privilegiado, el lenguaje.

Eco va a retomar estas categorías para poner en discusión el carácter más o menos convencional –en términos de un "lenguaje" codificado– de las distintas representaciones o comportamientos que los signos pueden adoptar. Así, mientras que aceptar el carácter convencional de los *símbolos* visuales resulta sencillo –por ejemplo, podemos reconocer en la paloma el símbolo de la paz, en el corazón el del amor, en el de la balanza la justicia– no sucede lo mismo a la hora de dar cuenta de los mecanismos de representación de los signos icónicos e indiciales.

En cualquier signo que se presente como *índice,* la relación entre el *representamen* y su *objeto* supone un vínculo sustentado en algún tipo de experiencia aprendida o sistema de convenciones que deben conocerse previamente. Sólo puedo deducir la presencia de un animal a partir de una huella sobre la tierra si aprendí a establecer una relación convencional entre ese signo y ese animal. Por esa razón, afirma Eco, se podría acordar que los índices también constituyen signos convencionales.

Pero llegado el caso de los signos icónicos, comienzan a plantearse una serie de dudas respecto al vínculo signo/cosa representada, que darán lugar a una serie de debates entre dos grupos con posiciones teóricas irreconciliables: los denominados "convencionalistas" y los llamados "iconicistas".

---

[115] Es en el campo de la señalética –una de las incumbencias propias del Diseño Gráfico– donde esta representación indicial opera como condición necesaria para su funcionalidad. La contigüidad de la señal –en tanto *representamen*– con el *objeto* al que refiere se vuelve fundamental. El cartel indicando la presencia de una escuela sólo puede comportarse como índice si se constata la existencia de la escuela en las proximidades de su emplazamiento. Pero si bien la señalética tiene un carácter prioritariamente indicial, y por tanto tiene el objetivo de "hacer-saber" (Ledesma, 1997) e indicar a sus interlocutores la existencia de un *objeto*, no debe dejarse de lado el papel que la convención social juega a la hora de hacer legibles esos índices. Es necesario el conocimiento previo de ciertas reglas para que la señal pueda funcionar en términos de indicador y, consecuentemente, de regulador y ordenador del espacio y de las acciones de los sujetos que habitan en él. Siguiendo con lo anterior, el diseño de sistemas de señalización supone, entonces, tener en cuenta la complejidad en la articulación de *los modos de ser* de toda señal –pensando en las categorías de *Primeridad, Segundidad* y *Terceridad* postuldas por Peirce– donde el valor indicial de la pieza se vincula también con su carácter icónico, en términos del trabajo con la forma que permite la identificación de la figura, y el simbólico, en tanto reconocimiento de las leyes o convenciones que operan en el sistema cultural y que hacen posible la creencia en la veracidad de la información que da la señal.

Los convencionalistas como Eco, Nelson Goodman (1968) y Algirdas J. Greimas (1984), afirmarán que la idea de una semejanza o analogía entre imagen y objeto es ingenua y errónea. Suponen que la operación de imitación conlleva una fuerte reducción de las cualidades del mundo, por lo que la similitud que pudiera existir entre imagen y realidad es muy reducida. Por otro lado, para ellos, la supuesta "realidad" también es una convención social. Para Greimas, por ejemplo, el "mundo natural" es producto de una "rejilla de lectura", para Eco, nuestra percepción está mediada por "códigos de reconocimiento". La realidad es concebida entonces como una construcción cultural (Alessandría, 1996).

Para los iconicistas en cambio, la imagen se asemeja a la cosa representada pero esto no significa que el signo icónico reproduzca *todas* las propiedades del objeto. Así, no creen que la imagen *imite* al objeto sino que "construye una configuración que remite a un objeto a través de su parecido" (Alessandría, 1996: 94). Es por esto que los iconicistas suponen que las imágenes figurativas pueden ser reconocidas sin depender de un previo conocimiento de códigos. Ernst Gombrich dirá al respecto que "es el significado el que nos lleva a la convención, y no la convención al significado" (Gombrich, 1978: 271) y el significado depende del parecido. Otros autores adscriptos a esta postura iconicista son Charles Morris (1946), Jean Marie Schaeffer (1987) y el propio C.S. Peirce.

Ahora bien, en su tarea por repensar el tema del iconismo, Eco problematiza la definición de ícono en Peirce, cuestionando la noción misma de semejanza. ¿Qué significa que un signo tiene las mismas propiedades del objeto al que refiere? ¿En qué se asemeja un retrato, pintado en dos dimensiones, a la persona retratada? ¿O una naturaleza muerta a los objetos que se representan en ella?

En este punto, el autor se ve obligado a recurrir a la definición de Morris: "Un signo icónico, recordémoslo, es un signo semejante, en algunos aspectos, a lo que denota. En consecuencia, la iconicidad es una cuestión de grado" (Eco, 1970: 27). Es justamente en la expresión "en algunos aspectos" en donde Eco encuentra el problema central sobre el cual la semiología debería detenerse para poder hacer un estudio científico sobre los mensajes visuales.

La primera tesis que plantea sostendrá que los signos icónicos no poseen las propiedades del objeto representado, sino que reproducen algunas condiciones de la percepción del objeto. No obstante, en la medida en que no se cuestiona la naturaleza de esa percepción, este planteo no se estaría contradiciendo con la idea de "semejanza innata" entre el signo y lo representado, ya que nos encontraríamos frente a un signo igualmente motivado, es decir, que obtiene su sentido de la "realidad".[116]

En efecto, el verdadero giro de la teoría de Eco, será argumentar que todo mecanismo perceptivo tiene un carácter convencional. Percibir implica recibir ciertos estímulos en un campo y coordinarlos, sobre la base de experiencias adquiridas, en una *estructura percibida*. Frente a un mensaje visual, el sujeto *selecciona* los datos de la experiencia proporcionados tanto por el dibujo como por la sensación y los estructura según *sistemas de expectativas y suposiciones* que implican el conocimiento de ciertas técnicas aprendidas; es decir, suponen el uso de *códigos*.

En suma, pretendiendo desterrar la idea de que los mensajes visuales son inteligibles porque constituyen procesos "espontáneos" o "naturales", Eco considera al mecanismo de la percepción como un hecho de comunicación en la medida en que, a partir de un aprendizaje previo, conferimos significación a ciertos estímulos visuales y no a otros.

3. La doble codificación de los mensajes visuales

Ahora bien, a partir de lo mencionado, estamos en condiciones de completar la primera tesis desarrollada por el autor. Eco (1970: 30) dirá entonces que los signos icónicos reproducen algunas condiciones de la percepción del objeto, pero sólo después de: 1) haberlos seleccionado según códigos de reconocimiento, y 2) haberlos registrado según convenciones gráficas.

Según esta tesis, la comunicación de mensajes visuales involucra dos operaciones de codificación o, lo que es lo mismo, dos instancias de regulación convencional. Estas dos operaciones se concretan mediante dos tipos distintos de códigos: *el código de reconocimiento y el código icónico*. (Alessandría, 1996). El primero daría cuenta del carácter cultural de la operación de percepción visual en sí misma. El segundo, explicaría la traducción y reducción

---

[116] Es preciso recordar aquí la diferencia que suele hacerse entre la arbitrariedad del signo lingüístico, en donde la relación significado–significante se encuentra dada por una convención basada en un *código fuerte*, y la motivación o lazo más o menos natural que comúnmente se le asigna al signo icónico por su carácter analógico.

gráfica convencional de las condiciones de esa percepción. Veamos las características que presenta cada código:

1) *El código de reconocimiento*

Eco va a postular que aún en la percepción visual corriente, no percibimos una supuesta realidad natural, sino que seleccionamos aspectos fundamentales de lo percibido de acuerdo a un contexto determinado. Dichos aspectos no vienen dados con la realidad, sino que pertenecen a un código cultural. El código de reconocimiento, precisamente, es el código que regula la percepción visual a partir de referencias contextuales a aspectos pertinentes. Los rasgos pertinentes que serán seleccionados en la percepción de un cuerpo humano, por ejemplo, serán diferentes dependiendo del contexto espacial y cultural en que se lleve a cabo Si me encuentro en medio de una multitud en busca de una persona amiga, mi percepción de los cuerpos se verá condicionada, no sólo por mi objetivo, el de encontrar a una persona en especial, sino además, por un sistema de expectativas y suposiciones que me predisponen y condicionan. Así, el recorte característico de la silueta del cuerpo del hombre, no resultará un aspecto fundamental y diferenciador, pero quizá sí lo sea la forma en que los cuerpos se mueven, porque reconozco el andar característico de mi amigo, o los rasgos faciales. El destacar uno de esos aspectos hace que deje de ver otros, que podrían hacerse visibles si mi criterio de selección fuera distinto.

2) *El código icónico*

Reconocidos los aspectos contextualmente pertinentes, falta todavía explicar cómo esa percepción, ya convencional, se reduce y traduce en una convención gráfica. Esta operación es lógicamente distinta que la anterior, ya que supone la utilización de otro código. El código icónico permite establecer equivalencias entre un signo gráfico y un elemento pertinente del código de reconocimiento. De esta manera, cada condición de la percepción puede *traducirse* a formas gráficas convencionales. Siguiendo con el ejemplo anterior, los rasgos faciales de la cara de mi amigo podrían reducirse a una forma gráfica convencionalizada, como ser los dos puntos como traducción de sus ojos y un semicírculo en lugar de su boca. Pero este tipo de representación, si bien es construida o leída como una cara por aquel que conoce el código, no funcionaría para dar cuenta de los rasgos característicos del rostro de mi amigo. Para ello, habría que traducir dichos rasgos pertinentes a otro tipo de signo icónico que ponga en funcionamiento otras convenciones gráficas, como ser una ilustración, una pintura con gamas tonales o una fotografía.

También, un signo puede denotar globalmente algo percibido, *reduciéndolo* a una convención gráfica simplificada –como en el caso de los emblemas o los estereotipos. Por ejemplo, la imagen de una vaca en una señal vial en la ruta, toma como aspecto pertinente la silueta del animal y lo sintetiza gráficamente generando una convención. La misma permite reconocer los diferentes objetos representados en el sistema de mensajes visuales en la ruta.

Vemos así de qué modo el código icónico supone ya la existencia de otro código, de reconocimiento, que remite a la mecánica de la percepción visual y no a la naturaleza del signo icónico. En ese sentido, podemos decir que la comunicación visual consiste, semióticamente hablando, en una representación icónica esquemática de algunas propiedades de otra representación icónica esquemática, y no en representaciones analógicas de una realidad que es innatamente semejante a dicha representación.

Podemos sintetizar la propuesta de Eco mediante el siguiente esquema:

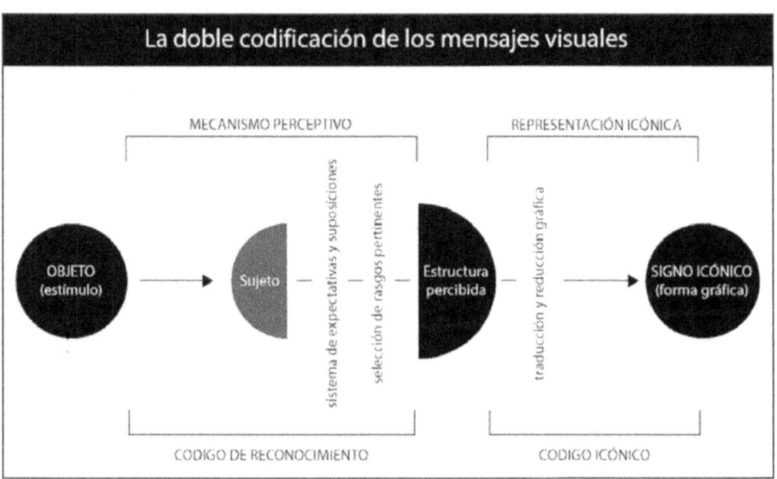

Quedará claro a esta altura que la idea de propiedades comunes innatas entre signo y objeto es sumamente problemática. Al respecto, además de los argumentos ya esgrimidos, cabría preguntarse: ¿son las propiedades que *vemos* o las que *conocemos*? Un signo icónico puede presentar distinto tipo de propiedades del objeto: propiedades ópticas (visibles), propiedades ontológicas (supuestas) y propiedades convencionales (que se sabe que no existen pero que están adaptadas a un modelo: por ejemplo, los rayos del sol como varillas). Pero si esto es así, tendremos que concluir que un esquema gráfico reproduce las propiedades relacionales de un esquema mental y no las propiedades innatas del objeto.

Nuevamente, es la convención, sin excepciones, la que regula todas las operaciones figurativas. Ni el fotógrafo, ni el artista plástico, transcriben lo que ven. Por el contrario, lo que hacen es *traducirlo* –previo reconocimiento– a los términos del medio que utilizan. Esos términos se encuentran en sistemas codificados de expectativas sobre lo que debemos esperar de una traducción fotográfica, pictórica o escultórica. "Nos enfrentamos con la creación artísticas como aparatos receptores ya sintonizados"; por eso, dice Eco (1970: 34), "vemos un busto y no una cabeza cortada".

Ahora bien, como hemos dicho, los códigos icónicos permiten *traducir* cada condición de la percepción mediante un signo gráfico, pero también *reducir* lo percibido a una convención gráfica simplificada. En la medida en que, entre las condiciones de la percepción, seleccionamos *rasgos contextualmente pertinentes*, este fenómeno de reducción existe en todos los signos icónicos.

No obstante, existen algunas convenciones gráficas que se basan en rasgos pertinentes autonomizados de los contextos de percepción. Eco señala aquí el ejemplo de cómo la convención gráfica de la presencia de una "escuela" –cuyos aspectos pertinentes se sintetizan en un niño corriendo con libros bajo el brazo, boina y traje de marinero– persiste aún cuando dichos rasgos son difícilmente observables en nuestros contextos contemporáneos de percepción.

En efecto, la estructura elaborada icónicamente no reproduce una supuesta estructura de la realidad, sino que articula una serie de relaciones/diferencias entre fenómenos gráficos a partir de ciertas operaciones de codificación. Podemos volver ahora sobre la pregunta inicial de Eco: ¿Cómo un signo, gráfico o fotográfico, que no tiene ningún elemento material en común con las cosas, puede aparecer *igual a las cosas*?

Hemos visto que una respuesta adecuada a este enigma exigía estudiar, antes que la naturaleza del signo icónico, la mecánica de la percepción. Sólo una vez que Eco logra, contra el sentido común, argumentar a favor del carácter convencional de la percepción visual corriente, estamos en condiciones de fundamentar el carácter igualmente convencional de los signos icónicos. La relación entre percepción visual y signo icónico es correlativa a la relación entre código de reconocimiento y código icónico. De allí, finalmente, la tesis central del autor:

> "El signo icónico construye un modelo de relaciones (entre fenómenos gráficos) homólogo al modelo de relaciones perceptivas que construimos al conocer y recordar al objeto. Si el signo tiene propiedades comunes con algo, ese algo no es el objeto, sino el modelo perceptivo del objeto; el signo icónico puede construirse y reconocerse con las mismas operaciones mentales que realizamos para construir lo percibido, con independencia de la materia en que esas relaciones se realizan" (Eco, 1970: 37).

4. El código icónico como un código débil

Ya sabemos que existen dos tipos de códigos involucrados en la percepción y representación de los enunciados visuales. No obstante, aún no sabemos cuál es su naturaleza y su especificidad respecto de los códigos lingüísticos. Para ello, Eco recurrirá a un análisis comparativo, no sólo para marcar sus diferencias constitutivas sino, antes bien, para probar a partir de ellas que no todos los fenómenos comunicativos pueden explicarse con categorías de la lingüística.

El autor caracteriza a la lengua como un código fuerte, en tanto que la presencia de rasgos pertinentes en las unidades mínimas de ese sistema permite concebirla como un catálogo preciso. La lengua posee esa doble articulación, basada en un juego de diferencias y oposiciones, por la cual un número determinado de fonemas se articula en una unidad de significación para luego asociarse, a su vez, con otras unidades mediante relaciones sintagmáticas. Los gestos de iniciativa libre en la ejecución de sonidos determinados y, en general, los márgenes de variación en la utilización de la lengua se denominan *variantes facultativas*; por ejemplo, las distintas pronunciaciones o acentos regionales dentro del mismo idioma. En suma, en el lenguaje verbal existen demarcaciones claras entre aspectos regulares y accidentales de las significaciones, o lo que es lo mismo: hay una clara diferenciación entre rasgos pertinentes y variantes facultativas.

Por el contrario, en los códigos icónicos, la posibilidad de encontrar unidades discretas y un mecanismo de doble articulación resulta más difícil, ya que en la configuración de los mensajes visuales la diferencia entre rasgos pertinentes y variantes facultativas, tal y como estás categorías son utilizadas para el lenguaje verbal, resulta problemática. En efecto, en una representación gráfica, dice Eco, disponemos de una infinidad de medios para representar un concepto, los cuales no son catalogables ni previsibles, como en el caso de los múltiples idiomas, dialectos y acentos que existen en el lenguaje verbal.

Como hemos visto, sin embargo, ello no significa que las codificaciones icónicas no existan. Más bien, existen grandes bloques de codificación cuyos elementos de articulación dependerán de relaciones contextuales muy complejas. A diferencia de la lengua, que opera mediante rasgos discretos recortados en el continuo de los sonidos posibles, los fenómenos icónicos operan a través de un continuo cromático sin solución de continuidad, donde no hay unidades discretas que puedan identificarse de una vez y para siempre. ¿Cómo pensar, entonces, la especificidad de los códigos icónicos?

En primer lugar, Eco va a señalar que los signos icónicos no pueden equipararse a los fonemas de la lengua en tanto elementos de articulación, ya que aquéllos no poseen un valor posicional ni oposicional. No adquieren significación por el hecho de aparecer o no, sino que pueden asumir significaciones contextuales sin tener un significado propio. Un punto y un semicírculo pueden representar un ojo y un párpado en una cara. En otro contexto, una estrella y la luna en el cielo. De esta forma, el valor posicional del signo icónico dependerá del tipo de convención que el medio de representación instituye, el cual puede variar de dibujante a dibujante o incluso entre distintos momentos de un mismo dibujante. En consecuencia, estamos frente a *un torbellino de idiolectos*, donde las variantes facultativas se convierten en rasgos pertinentes y viceversa, dependiendo del código que el dibujante decida emplear.

En segundo lugar, sin embargo, estas variaciones y grados más o menos extremos de individuación del "estilo", no supone un problema esencialmente diferente que el que se le plantea a la semiología de los mensajes verbales, cuando intenta dar cuenta de los procesos de significación involucrados en el libre ejercicio de la lengua. En efecto, cuando alguien emplea su lengua, la *colorea*, sea mediante pronunciaciones libres comunitarias o individuales, o sea mediante artificios significantes como las entonaciones –denominadas rasgos suprasegmentales– que permiten decodificar una misma frase. Por ejemplo, como una amenaza o una incitación, como una afirmación literal o como una ironía. Tal y como plantea Ivan Fónagy (Eco, 1970), dichos rasgos suprasegmentales y variantes facultativas no pueden catalogarse en rasgos discretos.

Pero si la comunicación lingüística involucra mecanismos de significación para los cuales el código lingüístico no provee herramientas, ¿quiere decir que estos mecanismos no están codificados? En absoluto, por más expresivas y singulares que parezcan, estas variantes están sujetas a procesos de codificación. De un modo más débil y desestructurado, si se quiere, los mensajes prelingüísticos son reconocibles y comunicables en la medida en que están convencionalizados. De allí, por ejemplo, que las entonaciones obtengan significaciones diferentes entre culturas. Evidentemente, el problema de los códigos prelingüísticos es similar al que Eco se plantea frente a los códigos icónicos.

Por último, Eco postulará el carácter analógico de todo signo icónico, entendiendo que, a diferencia de un código digital estructurado por oposiciones binarias, el código analógico se organiza en grados. De esta manera, el modelo analógico funcionaría a partir de un fraccionamiento en grados de un continuo, permitiendo así el pasaje de un "más" a un "menos" a diferencia de la oposición entre el "sí" y el "no" de los modelos digitales. Esto, nuevamente, no implica la inexistencia de un código regulador de los signos icónicos ya que no se disuelve lo discreto en lo continuo.

Vale aclarar que para el autor, no debe justificarse la aparición de unidades discretas dentro de un modelo analógico recurriendo a la explicación de lo motivado o de parentescos innatos. Realizar ese tipo de operación sería volver a negarle el carácter convencional al signo icónico basándose en la dificultad para reducir un código de esa naturaleza al de un sistema arbitrario y fuerte como es el lingüístico.

En resumen, podemos aceptar que los códigos icónicos son códigos diferentes al código lingüístico, y semejantes a los códigos prelingüísticos, en donde prevalecen lo que en el lenguaje verbal se denomina variantes facultativas y rasgos suprasegmentales. Admitir esto no significa que los signos icónicos no se organicen en códigos; en todo caso, diremos que son *códigos débiles*.

5. Críticas al convencionalismo icónico (pequeña digresión)

El carácter controvertido de las tesis convencionalistas alrededor del iconismo ha originado diversas respuestas por parte de autores que disienten con algunos de sus postulados. No vamos a desarrollar *in extenso* este punto –ya abordado en el capítulo anterior–, pero vale la pena mencionar una de ellas, la de Tomás Maldonado, un importante teórico de la imagen y las disciplinas proyectuales.

Maldonado aceptará el carácter convencional, y en parte arbitrario, de toda representación en tanto lenguaje o sistema de signos, pero seguirá sosteniendo la existencia de una realidad experimentada directamente, sin mediación simbólica. A través de sus estudios, intentará superar lo que para él es una contraposición sin sentido entre el convencionalismo absoluto y el referencialismo a ultranza. En palabras del autor: "Debemos dejar de plantear el problema en los términos de una irremisible oposición entre quienes ven mentiras y sólo mentiras en las construcciones icónicas y quienes ven en ellas realidad y sólo realidad." (Maldonado, 1999: 75).

A diferencia de Eco, este autor defenderá el concepto de "realismo icónico" y la posibilidad de medir la mayor o menor fidelidad que una imagen guarda con una realidad extrasígnica. Trabajará de forma exhaustiva el problema del vínculo entre realidad y representación, focalizando principalmente en lo que él considera una tendencia, en la época moderna, hacia una figuración naturalista, es decir, a la creación de imágenes para ser experimentadas "como más reales que la realidad misma". Retomando a Gioseffi y su teoría sobre la perspectiva renacentista, se centrará ante todo, en las implicaciones epistemológicas y valores cognoscitivos de toda representación ilusoria de la realidad (Maldonado, 1999).

6. Recapitulaciones: sobre la práctica del diseño gráfico

La naturaleza y especificidad de la comunicación visual constituye uno de los tópicos centrales del programa de investigación semiológico y un elemento nodal de toda reflexión sobre la práctica del diseño gráfico. La dificultad de tal elaboración es que se enfrenta con procesos sumamente naturalizados en la experiencia corriente. De esta manera, cuando Eco se pregunta si *la se-*

mejanza icónica es innata o convencional, en verdad, lo que está planteando es si podemos aceptar como válidos los supuestos del sentido común o debemos ponerlos entre paréntesis, e ir *más allá*.

Hemos visto que la tesis central del autor consiste en postular la convencionalidad de la representación visual. Pero para sostener tal postulado, no basta con una mera afirmación, hay que mostrar cómo y por qué. Para hacerlo, hemos señalado que la línea de razonamiento de Eco consiste en hilar tres argumentos básicos.

En primer lugar, Eco coloca el problema de la comunicación visual en el mecanismo mismo de la percepción. La tesis de la semejanza innata entre representación y objeto visual resulta difícilmente justificable en términos teóricos. Pero si no hay nada material en común entre la representación y su objeto, ¿por qué aparecen como si fueran iguales? Hemos visto cómo una respuesta adecuada a esta pregunta exigía estudiar primero la mecánica de la percepción. Una vez que Eco muestra que la percepción visual corriente es convencional, está en condiciones de fundamentar el carácter igualmente convencional de los signos icónicos.

De allí que el segundo momento del razonamiento consistirá, precisamente, en establecer un vínculo entre percepción y representación visual. Hemos desarrollado de qué manera, para Eco, existe una doble convencionalidad en la comunicación visual: la que corresponde a la selección de rasgos pertinentes en la percepción, el código de reconocimiento; y la que vincula, traduce y reduce esos rasgos a una convención gráfica, el código icónico. El segundo argumento consiste, entonces, en postular que los signos icónicos son convenciones parciales (gráficas) que representan otras convenciones parciales (perceptivas). La relación de semejanza, por tanto, corresponde a términos que son, ambos, convencionales; no a una convención, por un lado, y a una cosa en sí por el otro.

Finalmente, en el tercer momento analítico, Eco se ocupará de dar cuenta de la especificidad de los códigos involucrados en la comunicación visual y de mostrar por qué, a pesar de sus diferencias con el código lingüístico, resulta válido considerarlos como códigos. Aquí, el argumento central será postular que, en la comunicación verbal, los aspectos prelingüísticos (como acentos y entonaciones), ausentes del código lingüístico, se encuentran, sin embargo, organizados en códigos. Del mismo modo que aceptamos que las variantes libres de la expresión verbal se regulan convencionalmente, podemos asumir

190

que el predominio de la libertad ejecutoria en la representación gráfica no resulta un impedimento para postular su carácter codificado. Evidentemente, dichos códigos no tendrán las mismas características que los códigos lingüísticos, de allí la propuesta de considerarlos como códigos débiles.

Pero una semiología o reflexión sistemática sobre los mensajes visuales, no puede contentarse con abordar sólo los problemas de la significación, sino que debe ocuparse ante todo del mundo de la comunicación. Y las comunicaciones visuales, como afirma Eco, presentan fenómenos de codificación en *"capas sucesivas"*, colocando al signo icónico en la base de otro sistema de codificación que se apoya en aquél para construir sentido. Esa connotación presente en todo mensaje visual tiene como significante a una unidad compleja de sentido, el signo icónico, que como hemos visto, es también producto de una doble codificación y no una denotación natural de aquello que representa.

Ahora bien, estas reflexiones sobre la naturaleza de los mensajes visuales nos conducen, sobre el final, hacia una serie de planteos concernientes a la práctica y producción del Diseño Gráfico, los cuales parten de considerar que la comunicación visual resulta, ya no una transmisión aparentemente natural de lo que se ve, sino, más bien, un proceso de continua producción cultural (Arfuch, 1997). Es en dicho proceso donde parecen combinarse y retroalimentarse de forma compleja, la regulación convencional y la libertad de ejecución e interpretación de significados. El diseñador gráfico, por lo tanto, se encontrará situado en el cruce de esas dos coordenadas a la hora de llevar a cabo su tarea, y eso exigirá de su parte un trabajo crítico frente a aquellos fenómenos naturalizados y arraigados en el sentido común.

Siguiendo con lo planteado hasta aquí, no podemos pasar por alto que toda producción de mensajes visuales es, al mismo tiempo, una operación de reconocimiento de otros mensajes y signos icónicos. Y si esto es así, se pregunta Eco, ¿podríamos afirmar que los procesos de las convenciones gráficas influyen sobre nuestros sistemas de expectativas de tal forma que el código icónico se convierte a su vez en un código perceptivo? o ¿que las condiciones perceptuales se ven condicionadas por las reglas instituidas por el código icónico? ¿Representamos gráficamente como nos enseñan a ver, o vemos como nos enseñan a representar?

Será cuestión del diseñador, entonces, el no pasar por alto la complejidad de códigos que se articulan y ponen en tensión en el momento de producción de un enunciado visual, y entender que esa construcción está, a su vez, atravesada por instancias de reconocimiento. Ese reconocimiento no sólo se da en el orden perceptivo –como mecanismo convencionalizado– sino también, y sobre todo, en el proceso de lectura de mensajes anteriores y preexistentes en la trama de los discursos sociales. Es allí donde se ponen en juego otros sistemas culturales de codificación, como los del gusto, los retóricos, los estilísticos, que en conjunto irán conformando cierta sensibilidad colectiva frente a los mensajes visuales. Explorar esa sensibilidad podría ser un modo de enriquecer el trabajo del diseñador y de comprender la importancia que las producciones visuales tienen en la conformación de valores e identidades dentro de nuestra cultura.

Referencias bibliográficas

ARFUCH, L.; CHAVES, N.; LEDESMA, M. *(1997) Diseño y comunicación. Teorías y enfoques críticos*, Buenos Aires, Paidós.

ALESSANDRÍA, J. *(1996)* "Imagen y metaimagen" en *Enciclopedia Semiológica*, Buenos Aires, Universidad Nacional de Buenos Aires.

BARTHES, R. (1972) *Comunicaciones. La semiología*. Buenos Aires, Tiempo Contemporáneo.

ECO, U. (1970) "Semiología de los mensajes visuales" en *Análisis de la imagen*. Buenos Aires, Tiempo Contemporáneo.

GOMBRICH, E.H. (1993) [1978] *La imagen y el ojo*, Madrid, Alianza.

GOODMAN, N. (1976) [1968] *Los lenguajes del arte*, Barcelona, Seix Barral.

GREIMAS, A.J. (1994) [1984] "Semiótica figurativa y semiótica plástica" en G. Hernández Aguilar (ed.), *Figuras y estrategias*, México, Siglo XXI.

MALDONADO, T. (1999) *Lo real y lo virtual*. Barcelona, Gedisa.

MORRIS, Ch. (1962) [1946] *Signos, lenguaje y conducta*, Buenos Aires, Losada.

SCHAEFFER, J.M. (1987) *L'image précaire*, Paris, du Seuil.

Noticia de los autores

Leonor Arfuch es Doctora en Letras por la Universidad de Buenos Aires y profesora e investigadora de la misma Universidad. Trabaja en temas de subjetividad, identidad, memoria y narrativa y en el análisis de géneros discursivos y de diversos objetos de la cultura visual. Ha sido profesora invitada de la Universidad de Essex (Inglaterra), de la Universidad Nacional Autónoma de México (UNAM), y de varias universidades argentinas y latinoamericanas. En 1998 obtuvo la Beca Thalmann, de la Universidad de Buenos Aires, en 2004 el British Academy Professorship Award y en 2007 la beca Guggenheim.

Es autora de *La interioridad pública* (1992), *La entrevista, una invención dialógica* (1995), *Diseño y Comunicación. Teorías y enfoques críticos* (en co–autoría, 1997), *Crímenes y pecados. De los jóvenes en la crónica policial* (1997), *El espacio biográfico. Dilemas de la subjetividad contemporánea* (2002) y *Crítica cultural entre política y poética* (2008), ha compilado tres volúmenes colectivos, *Identidades, sujetos y subjetividades* (2002); *Pensar este tiempo. Espacios, afectos, pertenencias* (2005) y, con Gisela Catanzaro, *Pretérito Imperfecto. Lecturas críticas del acontecer* (2008). Ha escrito además numerosos artículos en libros y revistas especializadas, nacionales y extranjeras.

Laura Corti es Diseñadora Gráfica por la Universidad de Buenos Aires, cursó la Maestría en Comunicación y Cultura en la Facultad de Ciencias Sociales de la UBA. Es actualmente Jefa de Trabajos Prácticos de la Cátedra de Comunicación I, en la Carrera de Diseño Gráfico, FADU-UBA y docente de la materia Semiología en las carreras de Realización Cinematográfica y Guión para Cine en el Centro de Investigación y Experimentación en Video y Cine (CIEVyC.) Es Becaria de Maestría UBACyT e integra el equipo de investigación del Proyecto UBACyT A 406 (2008-2010) "Transformaciones del Diseño en la Argentina en las décadas del ´70, ´80 y ´90. De la crisis del Estado de Bienestar al ingreso al mercado global" con sede en el Instituto de Arte Americano, bajo la dirección de Verónica Devalle.

Verónica Devalle es Licenciada en Sociología, Doctora en Artes por la Universidad de Buenos Aires y Magister en Sociología de la cultura y análisis cultural por la Universidad de San Martín. Es Profesora Adjunta de la materia Comunicación I y Titular de Diseño y Estudios culturales, ambas de la Carrera de Diseño Gráfico de la Facultad de Arquitectura, Diseño y Urbanismo (FADU/UBA). En la misma institución es una de las coordinadoras de la Maestría en Diseño Comunicacional (DICOM), de la cual también es profesora. Es investigadora del CONICET (Consejo Nacional de Investigaciones científicas y técnicas) y directora de proyectos UBACyT, en el marco de la FADU. Sus temas articulan la reflexión sobre el arte, el diseño y la cultura visual contemporánea. Ha sido profesora invitada de la Universidad de Alicante, España, y participado de varios congresos internacionales. Tiene en vías de publicación su tesis doctoral sobre la constitución del campo del diseño en la Argentina y ha publicado artículos en libros y revistas especializadas, nacionales y extranjeras.

Valeria Durán es Licenciada en Sociología por la Universidad de Buenos Aires, ha cursado la Maestría en Cultura y Comunicación de la Facultad de Ciencias Sociales y es actualmente becaria doctoral UBACyT con sede en el Instituto Gino Germani (UBA), donde integra el equipo de investigación del Proyecto UBACyT "Identidades Narrativas: ética, estética y política" (2007/2010) bajo la dirección de Leonor Arfuch. Trabaja en temas de identidad cultural, espacio urbano, arte y memoria. Es Jefa de Trabajos Prácticos de la Cátedra de Comunicación II, Diseño Gráfico de la Facultad de Arquitectura, Diseño y Urbanismo, ha publicado varios artículos en libros y revistas especializadas y participado en congresos nacionales e internacionales.

Daniela Fiorini es Licenciada en Ciencias de la Comunicación por la Universidad de Buenos Aires, Profesora Titular de la materia Semiología, en la Carrera de Diseño Gráfico (FADU/UBA) y profesora de la Maestría en Diseño Comunicacional de la misma Facultad. Formó parte del equipo de la cátedra de Comunicación I de 1995 a 2004. Recibió el Premio Nacional de Ensayo en 1995 por su obra "Cuerpo y tecnología". Publicó artículos sobre cine y comunicación en libros y revistas especializadas y en la actualidad dirige y edita una colección de ensayos sobre Nuevo Cine Argentino.

Luisina Perelmiter es Licenciada en Sociología por la Universidad de Buenos Aires, fue docente de la Facultad de Ciencias Sociales y de la FADU, Cátedra de Comunicación I, es actualmente becaria doctoral CONICET con sede en el Instituto Gino Germani e integra el equipo de investigación del Proyecto UBACyT "Identidades Narrativas: ética, estética y política" (2007/2010) bajo la dirección de Leonor Arfuch. Trabaja en temas de sociología política desde una perspectiva antropológica y cultural. Ha publicado artículos en libros y revistas especializadas y participado en varios congresos nacionales e internacionales.

Leticia Sabsay es Licenciada en Sociología por la Universidad de Buenos Aires y Doctora por la Universidad de Valencia. Ha sido Profesora Adjunta en la Facultad de Arquitectura, Diseño y Urbanismo (UBA), en la Cátedra de Comunicación II y es investigadora del Instituto de Investigaciones Gino Germani. Articulando aportes del feminismo, el psicoanálisis y la filosofía, ha trabajado sobre la configuración de subjetividades e identidades en la contemporaneidad. En 2006 ganó el VII Premio Nacional de Ensayo "Carmen de Burgos", otorgado por la Provincia de Almería (España), que incluyó la publicación de su libro *Los dilemas del antiesencialismo en la Teoría Feminista Contemporánea* (2007). En 2008 obtuvo el II Premio Internacional Francisco de Ayala en Comunicación Audiovisual (Andalucía) con la obra "Los medios de comunicación y el imaginario socio-sexual: una polémica para el Siglo XXI", que incluye su publicación en la editorial Cátedra, España. Es autora, además, de diversos artículos en libros y revistas especializadas en nuestro país y en España.

Leticia Schilman es Licenciada en Ciencias de la Comunicación por la Universidad de Buenos Aires y productora de televisión cultural. Realizó más de cien programas de televisión de cultura, arte e historia, y escribió guiones para distintas series. Trabajó para la Universidad Nacional de La Matanza junto con Álvaro Abós, coordinando el Ciclo *Buenos Aires al pie de la letra*. En la Universidad de Buenos Aires fue profesora Adjunta de la materia Comunicación II de la cátedra Arfuch en la carrera de Diseño Gráfico (FADU/UBA) y docente en la carrera de Ciencias de la Comunicación.

Daniela Slipak es Licenciada en Sociología por la Universidad de Buenos Aires y docente en la Facultad de Ciencias Sociales de la UBA. Ha formado parte del equipo de Cátedra de Comunicación I y actualmente es becaria doctoral CONICET con sede en el Instituto de Investigaciones Gino Germani. Trabaja sobre la constitución de identidades políticas en la década del setenta en la Argentina. Ha publicado artículos en libros y revistas, y participado en diversos congresos nacionales e internacionales.

María Stegmayer es Licenciada en Sociología por la Universidad de Buenos Aires, Jefa de Trabajos Prácticos en la Facultad de Ciencias Sociales y docente de la Facultad de Arquitectura, Diseño y Urbanismo de la UBA, Cátedra Comunicación I. Es becaria doctoral CONICET con sede en el Instituto Gino Germani e integra el equipo de investigación del Proyecto UBACyT "Identidades Narrativas: ética, estética y política" (2007/2010) bajo la dirección de Leonor Arfuch. Trabaja en la configuración del campo de las prácticas artísticas en el marco de nuevas concepciones de comunidad y en la relación entre historia y ficción en narrativas recientes. Ha publicado artículos en libros y revistas especializadas y participado en congresos nacionales e internacionales.

Julián Vazeilles es Licenciado en Sociología por la UBA y becario doctoral CONICET con sede en el Instituto Gino Germani de la Facultad de Ciencias Sociales donde integra el equipo de investigación del Proyecto UBACyT "Identidades Narrativas: ética, estética y política" (2007/2010) bajo la dirección de Leonor Arfuch. Es además docente de la Cátedra de Comunicación I en la Carrera de Diseño Gráfico (FADU/UBA). Trabaja en temas de multiculturalidad con acentuación en literatura y campo artístico desde la perspectiva de la crítica cultural.